MINISTÈRE DE LA GUERRE

—

RÈGLEMENT GÉNÉRAL

DU 5 SEPTEMBRE 1917

RELATIF AUX

PERMISSIONS

ET CONGÉS

AVEC LES RECTIFICATIONS DU 20 SEPTEMBRE 1917

ET SUIVI DE LA CIRCULAIRE DU 12 AOUT 1917 RELATIVE AUX

TITRES DE PERMISSIONS

LIBRAIRIE MILITAIRE BERGER-LEVRAULT

Éditeurs de l'*Annuaire officiel de l'Armée française*

PARIS	NANCY
5-7, RUE DES BEAUX-ARTS	RUE DES GLACIS, 18

1917

Prix : 1 franc

MINISTÈRE DE LA GUERRE

RÈGLEMENT GÉNÉRAL

DU 5 SEPTEMBRE 1917

RELATIF AUX

PERMISSIONS

ET CONGÉS

AVEC LES RECTIFICATIONS DU 20 SEPTEMBRE 1917
ET SUIVI DE LA CIRCULAIRE DU 12 AOUT 1917 RELATIVE AUX
TITRES DE PERMISSIONS

LIBRAIRIE MILITAIRE BERGER-LEVRAULT

Éditeurs de l'*Annuaire officiel de l'Armée française*

PARIS | NANCY
5-7, RUE DES BEAUX-ARTS | RUE DES GLACIS, 18

1917

RÈGLEMENT GÉNÉRAL DU 5 SEPTEMBRE 1917

RELATIF AUX

PERMISSIONS

ET CONGÉS

RÈGLEMENT GÉNÉRAL

(Toutes les instructions antérieures concernant les permissions ou les congés, publiées sous le timbre du 2ᵉ bureau du cabinet, sont abrogées.)

PRINCIPES

(§§ 1 à 8.)

1. A partir du 1ᵉʳ octobre 1917, les militaires des armées bénéficieront de trente jours de permission par an — délais de route non compris — à raison de dix jours par période de quatre mois.

2. Les militaires de l'intérieur, ainsi que ceux des régions de la zone des armées stationnés en deçà de la ligne de démarcation pour la circulation en chemin de fer, bénéficieront comme par le passé de vingt et un jours de permission par an, à raison de sept jours par période de quatre mois.

3. Les périodes s'échelonneront d'octobre à fin janvier, de février à fin mai, de juin à fin septembre.

4. Il demeure entendu que les permissions du front, en raison des besoins de l'armée, de la composition des unités et des divers mouvements militaires, ne peuvent revenir à intervalles mathématiques de quatre mois.

Les efforts du commandement devront tendre, principalement, à assurer aux militaires les dix jours de permission dans chaque période de quatre mois, et à se trouver en avance plutôt qu'en retard. Il y aura lieu d'éviter, cependant, que cette avance soit telle qu'un trop long intervalle sépare, de ce fait, deux permissions.

5. L'octroi des permissions est assimilé à une allocation réglementaire identique pour les officiers et pour les hommes de troupe. Tout chef qui accorderait des permissions au delà des taux fixés sera l'objet de sanctions sévères.

6. La présente instruction n'a pas d'effets rétroactifs; à partir du 1er octobre 1917, date de son entrée en vigueur, aucun militaire ne pourra réclamer le bénéfice d'une disposition qui n'y serait pas reproduite. *Tous les textes concernant les permissions publiés précédemment sous le timbre du 2e bureau du cabinet sont abrogés* (1).

7. Les chefs de corps et de service établiront et tiendront à jour la liste des tours de permissions. Cette liste sera portée tous les quinze jours à la connaissance des unités du corps, soit par la voie du rapport, soit par la voie de l'affichage. Les hommes de troupe pourront ainsi demander à leurs chefs hiérarchiques toutes explications utiles, s'ils croient avoir été l'objet d'une erreur lors de l'établissement de la liste. En fin de période, à la date fixée par le général en chef, en ce qui concerne les armées du Nord et du Nord-Est seulement, les généraux commandant les armées lui adresseront un compte rendu sur la situation générale pour chaque période écoulée. Ces comptes rendus seront transmis au ministre, sous le timbre du 2e bureau du cabinet.

8. La situation des hommes de troupe, en ce qui concerne les permissions, sera enregistrée sur le livret matricule et sur le livret individuel.

---

(1) Il est entendu que les instructions précédemment données en ce qui concerne les permissions de compensation conserveront leur valeur jusqu'à ce que les ayants droit en aient bénéficié.

PREMIÈRE PARTIE

(§§ 9 à 80.)

PERMISSIONS AUX MILITAIRES DES ARMÉES

c'est-à-dire :

1° Aux militaires appartenant à des formations des armées du Nord et du Nord-Est;

2° Aux militaires des régions de la zone des armées stationnés au delà de la ligne de démarcation pour la circulation en chemin de fer, y compris les localités situées sur la ligne (1);

3° Aux militaires en service à l'armée d'Orient et dans l'Afrique du Nord.

CHAPITRE I

Permissions de détente.

(§§ 9 à 21.)

CONDITIONS ET DURÉE

9. Les militaires du front français obtiendront :

A destination de la France et de Monaco : trois permissions de dix jours par an;

A destination de la Corse : deux permissions de quinze jours par an;

A destination de la Grande-Bretagne et de l'Irlande (petites îles comprises) et de l'Italie : deux permissions de quinze jours par an;

A destination de l'Algérie, de la Tunisie (2) et du Maroc (zone française exclusivement) : une permission de trente jours par an.

10. Les militaires du front français, de l'armée d'Orient et de l'Afrique du Nord obtiendront :

A destination des pays autres que ceux désignés ci-dessus et sous les conditions mentionnées au chapitre : « Étranger », une permission de trente jours par an.

11. Les militaires de l'Afrique du Nord pourront obtenir :

Pour le pays où ils se trouvent : trois permissions de dix jours par an;

---

(1) Voir chapitre 1-§ 21, Ligne de démarcation pour la circulation en chemin de fer.

(2) Voir chapitre : Permissions pour les Corses, les Algériens et les Tunisiens.

Pour la France et pour tous les autres pays : une permission de trente jours par an.

12. Les militaires de l'armée d'Orient et du Maroc obtiendront à leur retour en France, au port de débarquement de préférence, ou au dépôt :

Une permission de trente jours s'ils comptent dix-huit mois de présence ininterrompue en Orient ou au Maroc;

Ou une permission de vingt-cinq jours si, comptant plus de six mois et moins de dix-huit mois, ils sont évacués sur des formations sanitaires de France, ou rapatriés pour raisons de santé ou à cause de leur situation de famille. L'une de ces permissions s'ajoutera, s'il y a lieu, à un congé de convalescence non supérieur à trente jours. La présence à l'A. O. sera établie au moyen des pièces justificatives remises aux intéressés par leurs chefs de corps ou de service.

13. Les militaires attachés aux différentes missions à l'étranger obtiendront :

A leur retour en France, une permission de trente jours s'ils ont été absents pendant dix-huit mois au moins.

Les militaires des missions pourront obtenir, s'il y a lieu, du chef de mission, des permissions de repos pour le pays où ils se trouvent, suivant les nécessités du service; ils conserveront dans ce cas le bénéfice de la permission de trente jours à leur retour en France. En aucun cas ces permissions de repos ne devront excéder vingt et un jours par an.

14. Les militaires créoles, c'est-à-dire originaires des colonies françaises, et soumis à la loi de recrutement, ainsi que les militaires européens qui y avaient leur domicile légal à la mobilisation, bénéficieront de trente jours de permission dans les conditions spécifiées au chapitre « Créoles », IIIᵉ partie. Toutefois, jusqu'au jour où ils remplissent les conditions énumérées dans ledit chapitre, ces militaires bénéficieront, pour la France continentale, du même régime de permissions que tous les autres militaires.

15. Les indigènes citoyens ou sujets français bénéficieront des permissions de détente dans les mêmes conditions que les citoyens français (V. chap. : Indigènes et localités).

16. Les indigènes soumis à un régime spécial de recrutement dans les colonies ne bénéficieront pas de permissions étant donnée leur situation spéciale, et seront simplement rapatriés s'il y a lieu.

17. Les militaires de la légion étrangère (exception faite pour les cadres français, pour ceux dont la nationalité française est établie et pour ceux qui ont leur domicile légal et leur famille en France), ne pourront obtenir de permissions que pour le pays où ils se trouvent.

18. Les militaires qui, à la suite de condamnations en conseil de guerre, auront été l'objet d'une suspension de peine, ne recevront de permissions qu'autant que leur conduite aura donné pleine satisfaction. Ces permissions ne pourront leur être accordées que par les généraux de division ou par les généraux commandants de corps d'armée pour les éléments non endivisionnés, après examen des avis motivés donnés par les chefs hiérarchiques.

19. Les militaires affectés aux sections de discipline divisionnaires ne bénéficieront d'aucune permission tant qu'ils en feront partie. À leur retour à l'unité, ils seront inscrits sur la liste de départ, comme s'ils arrivaient en renfort ou rentraient de permission.

20. Les militaires qui ont bénéficié d'un sursis n'ont droit à la permission de détente que dans la période de quatre mois qui suit la date de leur retour à l'unité.

21. *Ligne de démarcation pour la circulation en chemin de fer.* — Cette ligne est ainsi déterminée : la voie ferrée d'intérêt local Le Russey, Maîche, la route de Maîche à Saint-Hippolyte; la voie ferrée Saint-Hippolyte, Montbéliard, Héricourt; la limite ouest du territoire de Belfort et la limite sud du département des Vosges jusqu'à la route de Servance au Thillot; la voie de Thillot, Épinal, Charmes, Nancy, Pont-Saint-Vincent, Toul, Sorcy, Void; la route de Void à Ligny-en-Barrois; la voie ferrée Ligny-en-Barrois, Bar-le-Duc, Vitry-le-François, Châlons-sur-Marne, Épernay, Château-Thierry, Mareuil-sur-Ourcq, Crépy-en-Valois, Longueil-Sainte-Marie, Estrées-Saint-Denis, Montdidier, Amiens, Abbeville, Boulogne et Calais. Toutes les localités situées sur la ligne de démarcation sont exclues de la zone réservée, sauf les stations de la voie ferrée entre Void (inclus) et Toul (inclus) qui sont dans la zone réservée.

CHAPITRE II

Permissions agricoles.

(§§ 22 à 28.)

22. *Bénéficiaires.* — Les hommes de troupe et les officiers de complément soumis à l'autorité du général commandant en chef les armées du Nord et du Nord-Est, à destination de la France continentale, de la Corse, de l'Algérie ou de la Tunisie.

23. *Conditions.* — Les intéressés devront appartenir aux classes 1896 ou plus anciennes, ou être pères de cinq enfants ou veufs avec quatre enfants, et exercer les professions suivantes : cultivateurs, viticulteurs, maraîchers, propriétaires exploitants, fermiers, métayers, ouvriers agricoles.

24. *Durée.* — La permission agricole aura une durée de treize jours et s'ajoutera à l'une des permissions de détente; elle ne pourra être accordée qu'une fois par an, autant que possible à l'époque où elle sera le plus utile aux travaux agricoles.

25. Les gendarmes auxiliaires ne pourront obtenir de permissions agricoles qu'autant que les nécessités de leur service particulier le permettront.

26. Il ne sera pas accordé de permission agricole pour les pays étrangers.

27. Les permissions agricoles ne doivent pas être prolongées par les généraux commandants de région.

28. Les militaires des armées bénéficiaires d'une permission agricole pourront obtenir une prolongation de séjour à l'intérieur s'ils apprennent, au cours de leur permission, un des événements de famille spécifiés au chapitre « Prolongations ».

CHAPITRE III

Permissions de convalescence.

(§§ 29 à 38.)

29. Tout militaire des armées, malade ou blessé, sortant des formations sanitaires de la zone des armées (ambulances divisionnaires et de corps d'armée exceptées), que ces formations soient situées en deçà ou au delà de la ligne de démarcation pour la circulation en chemin de fer, a droit à une permission de dix jours à titre de convalescence, sauf dans les cas où la blessure ou la maladie résulterait d'une *cause étrangère au service commandé.*

30. Les militaires sortant des ambulances divisionnaires et de corps d'armée peuvent obtenir des permissions de dix jours à titre exceptionnel si les médecins chefs de ces formations jugent utile de les faire bénéficier de cette mesure, en raison de leur état de santé. Ces règles ne s'appliquent ni aux dépôts d'éclopés ni aux hôpitaux spéciaux de vénériens. Les malades atteints de la gale simple, les militaires envoyés dans une formation sanitaire pour y toucher un bandage herniaire ou un appareil dentaire sont assimilés aux malades et blessés admis dans les dépôts d'éclopés et, par suite, sont exclus du bénéfice des permissions de dix jours à titre de convalescence.

31. Pour les militaires des bataillons d'Afrique et des sections disciplinaires de division (exception faite pour les cadres) hors le cas de blessure ou de maladie de guerre nettement caractérisée, l'attribution d'une permission de convalescence reste soumise à l'agrément de leur chef de corps.

32. Au sortir des formations sanitaires (ambulances divisionnaires et de corps d'armée exceptées) les militaires de tout grade qui, antérieurement, auraient bénéficié de leur permission de détente pour la période en cours, et qui ne seraient pas susceptibles d'être proposés pour un congé de convalescence, recevront, à titre de convalescence, une permission de dix jours.

Au sortir des mêmes formations, les militaires de tout grade qui, antérieurement, n'auraient pas bénéficié de leur permission de détente pour la période en cours recevront, à titre de convalescence, une permission de dix jours augmentée de la permission de détente à laquelle ils ont droit. Cette disposition a pour but d'éviter, dans la mesure du possible, que les évacués puissent revendiquer à leur retour au front le droit à une permission de détente qui apporterait de la perturbation dans le tour de permission.

33. *Dans tous les cas,* la permission de convalescence ne pourra être prolongée que d'une seule permission de détente.

34. Au retour à leur unité, les militaires revenant d'un congé de convalescence, ou bien d'une permission de convalescence simple ou prolongée, seront inscrits sur la liste de départ d'après la date de leur rentrée.

35. Les médecins chefs des formations sanitaires devront s'assurer des droits des intéressés à une permission de détente au moyen des inscriptions portées sur le feuillet spécial du livret individuel. En cas de doute ou de manque de livret, ils devront, avant la délivrance de la permission de détente, adresser une demande de renseignements aux chefs de corps ou de service des intéressés, qui devront y répondre dans le plus court délai possible. Dans les cas, qui devront être très rares, où il n'aura pas été possible d'établir le droit d'un militaire à la permission de détente, cette permission lui sera donnée à l'unité un mois au plus tôt après son retour.

36. Les permissions de convalescence pour l'Algérie, la Tunisie et le Maroc ne doivent être accordées aux militaires indigènes que très exceptionnellement et toujours avec l'assentiment des chefs de corps.

37. Dans aucun cas, les militaires indigènes ne doivent être envoyés en permission dans les familles françaises (Voir chapitre : « Indigènes »).

38. La permission de convalescence de dix jours n'est accordée que pour la France et la principauté de Monaco; elle sera donnée pour la Corse, l'Afrique du Nord, la Grande-Bretagne ou l'Italie aux militaires qui pourront prétendre en même temps, dans les conditions indiquées ci-dessus, paragraphe 32, à la permission de détente spéciale à chacune de ces destinations.

CHAPITRE IV

Tour de permissions.

(§§ 39 à 53.)

39. Les militaires des armées qui vont en permission trois fois par an sont inscrits sur une liste dite « Tour de permissions » tenue dans chaque unité.

Un tour de permissions est établi pour chaque période de quatre mois (*février-fin mai, juin-fin septembre, octobre-fin janvier*). Les chefs de corps et de service prendront leurs dispositions suivant les règles de pourcentage fixées par le général en chef, pour que chaque militaire parte en permission, dans la mesure où les circonstances le permettent, une fois par période de quatre mois. Il leur appartiendra, à cet effet, de déterminer le nombre des permissions qui pourront être accordées simultanément, en se basant, d'une part, sur la situation militaire dans laquelle leurs unités se trouvent, d'autre part, sur l'état d'avancement des tours de permissions.

40. Tout militaire rentrant de permission de détente, de permission de convalescence ou de congé est inscrit sur la liste de départ pour une prochaine permission, d'après la date de son retour à l'unité.

41. Exception est faite pour les militaires qui auront obtenu une prolongation de deux jours pour décoration ou croix de guerre, et qui seront inscrits sur la liste comme étant rentrés deux jours auparavant.

42. Tout militaire qui, ayant déjà bénéficié de sa permission de détente, arrive en renfort de l'intérieur ou d'une unité d'instruction ou du dépôt divisionnaire, est porté sur la liste de départ pour la prochaine permission, à la suite des hommes de l'unité de destination qui ont déjà bénéficié de leur permission pendant la période de quatre mois en cours.

43. Tout militaire qui, n'ayant pas encore bénéficié de sa permission de détente, arrive en renfort de l'intérieur (exceptionnellement) ou d'une unité d'instruction ou du dépôt divisionnaire est porté, sur la liste de départ pour la permission dont il n'a pas encore joui, à la suite des hommes de l'unité de destination qui n'ont pas encore bénéficié de leur permission.

44. Tout militaire qui arrive dans une unité par mutation d'un autre corps du front est porté sur la liste de départ à la place que lui assigne la date de retour de sa dernière permission et non la date de son arrivée à son nouveau corps.

Dans le cas où plusieurs hommes arrivent le même jour dans une unité, il doit être fait état, pour la priorité, de la classe d'abord et, à égalité de classe, du nombre d'enfants.

45. Les militaires qui sont soumis au régime de la permission bi-annuelle ou de la permission annuelle sont inscrits sur une liste de départ spéciale à chaque catégorie, le pourcentage dans chaque unité sera proportionné à l'effectif des hommes de chaque catégorie.

46. Les militaires qui arrivent des sections de discipline sont inscrits au tour de permissions d'après la date de leur arrivée à leur nouvelle unité.

47. Les militaires agriculteurs pourront obtenir, par permutation volontaire avec un camarade, le déplacement de leur tour de permissions.

48. Les militaires qui, du fait d'absences prolongées de leur unité pour des causes étrangères au service ou pour blessures reçues ou maladies contractées en dehors du service, n'ont pas obtenu de permission de détente, ne pourront prétendre au rappel des permissions de détente passées, ni au cumul de ces dernières avec celle qu'ils pourront obtenir dans la période en cours.

Les militaires qui pour des raisons de service n'ont pu bénéficier de la permission de détente à leur tour normal, pourront en demander le cumul avec la permission suivante.

49. Seule pourra être cumulée avec une permission de détente la permission de convalescence dans les conditions fixées au chapitre III de la première partie.

50. Les militaires absents illégalement pour la première fois verront leur tour de permission reculé d'autant de quinzaines qu'ils auront de journées d'absence illégale et leur permission suivante diminuée d'un nombre de jours égal à celui de l'absence irrégulière, sans préjudice des sanctions disciplinaires à intervenir. En cas de récidive dans l'année, ils verront leur permission suivante supprimée et seront inscrits sur le tour de permissions suivant comme s'ils avaient normalement bénéficié de la permission supprimée.

51. Les militaires qui sont punis de prison au moment où arrive leur tour de permissions ne peuvent aller en permission qu'après avoir terminé leur peine (Voir chapitre : « Sanctions disciplinaires »).

52. Toutes les fois que des nécessités majeures de service ou d'opérations n'y feront pas obstacle, et sans que le tour de départ normal en soit modifié, les chefs de corps accorderont toute facilité aux pères de famille qui désireraient faire coïncider leur permission de détente avec celle de leur fils mobilisé (par exemple par l'octroi de la permission de détente *hors tour*).

53. Les tours de permissions des militaires de l'armée d'Orient et de l'Afrique du Nord devront être établis d'après les principes énumérés ci-dessus.

CHAPITRE V

Double destination.

(§§ 54 à 57.)

54. Les *militaires des armées* obtiendront, sur leur demande, le bénéfice de la double destination pour se rendre, soit dans une localité où ils résident (destination principale), soit dans celle où habite un de leurs parents proches (destination secondaire), c'est-à-dire, et exclusivement, père, mère, femme, enfants, frère, sœur, grands-parents, oncle ou tante, ou encore dans celle où ils ont des affaires importantes et urgentes à régler.

55. Le bénéfice d'une seconde destination ne sera accordé que sur le vu de pièces justificatives (attestation du maire, du commissaire de police ou de la gendarmerie), exclusivement aux militaires qui se rendent dans les localités situées toutes deux soit dans la France continentale (petites îles et Monaco compris), soit dans l'Afrique du Nord, soit en Grande-Bretagne, soit en Italie.

56. Les militaires qui bénéficient de la double destination doivent se rendre d'abord dans la localité où se trouvent leurs attaches de famille principales ou leur résidence.

57. Le bénéfice de la double destination n'est pas accordé aux militaires des régions de la zone des armées stationnés en deçà de la ligne de démarcation pour la circulation en chemin de fer.

CHAPITRE VI

Conditions de transport.

(§§ 58 à 78.)

58. La gratuité du voyage en chemin de fer et, le cas échéant, en paquebot, est de droit pour tous les permissionnaires.

59. En outre, sur la présentation de la permission, des bons de convois sont délivrés aux permissionnaires ayant un trajet d'au moins 10 kilomètres à effectuer sur des routes desservies par des voitures publiques, à l'exclusion des chemins de fer.

Ces bons leur sont remis, en France, soit par les commissaires militaires, soit, à défaut, par les chefs de gare des stations où aboutissent les lignes de voitures publiques, en Algérie, par les commandants d'armes.

En Corse, au lieu d'un bon de convoi, ils reçoivent l'indemnité kilométrique en voiture publique au taux de 0^{f}125.

Tous les permissionnaires reçoivent un titre spécial de permissions qui, dans les conditions exposées ci-dessus, leur assure la gratuité de transport par la voie ferrée (grands réseaux ou réseaux secondaires) pour une ou deux destinations.

60. Les officiers voyagent gratuitement, pour se rendre à leur destination régulière, en 1re classe.

Les adjudants-chefs, adjudants et assimilés, aspirants, ainsi que les sous-officiers ou les soldats décorés de la Légion d'honneur ou de la Médaille militaire voyagent gratuitement en 2e classe pour se rendre à leur destination régulière.

Les autres militaires voyagent gratuitement, pour se rendre à leur destination régulière, en 3e classe. Toutefois, lorsqu'ils utilisent les trains de l'exploitation en dehors de la zone des armées, ces derniers peuvent voyager en 2e classe, à la condition de payer le supplément au tarif militaire. Cette règle s'applique également aux permissionnaires de dix jours à titre de convalescence.

Tous les militaires voyagent au tarif militaire quand ils se déplacent en vertu d'une autorisation régulière au cours d'une permission ou d'un congé.

61. Lorsque l'une des destinations est Paris ou une localité des départements de la Seine et de Seine-et-Oise, les permissionnaires reçoivent un titre de couleur rose. Les autres permissionnaires reçoivent un titre blanc.

62. Le corps enlève et détruit le coupon afférent à la deuxième destination, si le permissionnaire ne se rend que dans une seule localité.

En ce qui concerne les militaires indigènes, ils doivent toujours être munis d'un titre de permission à deux destinations.

La destination exacte est indiquée toutes les fois que les documents en la possession de l'intéressé ou ses affirmations permettent de l'établir.

Dans le cas contraire, le port de débarquement est indiqué comme première destination; le feuillet blanc permet au sous-intendant ou à son suppléant d'indiquer la destination définitive.

63. Toutefois, pour justifier la présence, entre les mains du permissionnaire, sur la première partie du trajet d'un titre de permission à deux destinations, alors qu'une seule destination est portée sur le titre, le corps mentionne sur le titre de permission que le titulaire peut être autorisé par les autorités militaires du port d'embarquement ou d'Algérie à se rendre à une deuxième destination.

Sur toutes les parties du titre qui n'ont pas été enlevées, le corps ou service doit marquer :

Le corps et l'unité ;

Le grade ;

La décoration du titulaire en ce qui concerne les sous-officiers et soldats décorés de la Légion d'honneur ou de la Médaille militaire auxquels ces décorations confèrent le droit de voyager en 2e classe et par les trains d'exploitation ;

La ou les gares destinataires ;

Un numéro d'ordre ;

En outre, dans la partie supérieure, il inscrit le nom.

64. Les permissionnaires doivent faire timbrer leur permisson dans les gares, d'après les indications qui sont portées au verso du titre.

Comme ces permissions servent de titres de transport, *les permissionnaires ne peuvent refuser de les montrer aux agents de chemins de fer toutes les fois qu'ils en sont requis.*

65. Le nombre de jours portés sur le titre est celui que le permissionnaire est autorisé à passer réellement à destination. Il se compte à partir de 0 heure 1 minute le lendemain du jour de l'arrivée à la gare qui dessert la localité destinataire ou de première destination.

Les permissionnaires doivent donc faire timbrer leur permission avant de sortir de la gare qui dessert la localité destinataire ou de première destination.

66. Lorsque les permissionnaires pour se rendre à destination doivent emprunter une voiture publique, la date apposée par la gare dans les cases D et E sera celle du prochain départ de la voiture.

Si un permissionnaire néglige de procéder ainsi, il n'est pas porté de date sur la case E lorsqu'il présente son titre. L'absence de date sur la case E suffit donc à déceler une fraude d'un permissionnaire, lequel encourra les sanctions les plus sévères. Dans ce cas, la durée de la permission est calculée du jour indiqué par le timbre de la gare régulatrice.

67. Les agents de chemin de fer qui n'auraient pas soin de timbrer les permissions avant que le militaire soit sorti de la gare desservant la localité destinataire, ou qui les timbreraient d'une date postérieure à la date d'arrivée réelle, seront, selon le cas, l'objet de sanctions disciplinaires ou administratives des plus sévères.

68. Lorsque le permissionnaire, à une gare de correspondance, aime mieux se rendre à pied à destination qu'attendre le train correspondant, c'est à cette gare et non à la gare de destination que la permission doit être timbrée. En ce cas, l'agent de la gare ajoute de sa main, à côté du timbre, la mention : « A défaut de correspondance », appuyée de sa signature, et retire le coupon.

69. Lorsque le permissionnaire emprunte un réseau secondaire dont la gare est distincte de celle du grand réseau, la gare de transit du grand réseau appose son timbre au-dessous de la case E, et celle du réseau secondaire sur la case E. L'écart entre la date de ce timbre et du timbre E permet d'apprécier si le permissionnaire a utilisé les trains normalement en correspondance. Le défaut du timbre E établit que ce militaire n'a pas utilisé le chemin de fer en quittant le grand réseau, et, dans cette éventualité, la durée de la permission est déterminée par la différence entre les dates des deux timbres apposés dans la partie supérieure du titre.

70. Pour le retour, à l'expiration de la permission, les permissionnaires prennent après minuit le premier train qui assure la correspondance avec l'express de permissionnaires. Toutes les fois que cela est possible, l'employé chargé du timbrage des permissions à l'arrivée indique sur le titre l'heure du train que le permissionnaire doit utiliser au retour.

71. Le droit de se rendre à deux destinations n'allonge pas la durée réglementaire de la permission. Le permissionnaire quitte la gare de deuxième destination pour retourner au front dans les mêmes conditions que s'il y était arrivé à la date où il est arrivé à la gare de première destination.

72. Les agents du chemin de fer placés à l'entrée des quais doivent vérifier soigneusement la date portée sur la permission (case F). Si cette date n'est pas celle du jour où les permissionnaires se présentent, le premier timbrage est considéré comme sans valeur. Le timbrage est annulé et remplacé par celui du jour. Le nouveau timbrage est porté à droite du mot « jours ». L'apposition d'un timbre à date à cette place suffira donc à déceler une fraude d'un permissionnaire qui s'est présenté à la date normale du départ, mais n'a pris le train qu'un ou plusieurs jours après.

73. Des trains spéciaux à marche d'express sont organisés sur les principaux courants de transport. Au départ du front et pour le retour vers le front, les permissionnaires doivent, y compris les permissionnaires de dix jours à titre de convalescence, les emprunter sur toutes les parties du parcours où ils existent sous peine de perdre leur droit à la gratuité du transport et, en outre, d'être l'objet d'une punition disciplinaire. Au départ du front et pour le retour vers le front, ils ne peuvent donc utiliser les trains ordinaires de voyageurs de l'exploitation que pour les seules sections non parcourues par ces trains spéciaux.

74. Par exception à cette règle, sont autorisés à employer sur la totalité du parcours les trains de voyageurs de l'exploitation :

a) Les officiers, adjudants-chefs, adjudants et assimilés, aspirants;

b) Les gendarmes;

c) Les sous-officiers et soldats décorés de la Légion d'honneur ou de la Médaille militaire;

d) Les militaires qui bénéficient d'une permission exceptionnelle motivée par les cas de décès ou de maladies visés aux alinéas 2° et 3° du paragraphe 126 ci-dessous. Cette autorisation n'est valable que pour le voyage aller.

75. Des affiches apposées dans les gares, et les indicateurs spéciaux envoyés aux armées et aux régions et mis en vente dans les gares donnent tous les renseignements nécessaires sur les express spéciaux mis en marche pour les permissionnaires, les correspondances assurées, les points à partir desquels les permissionnaires utilisent les trains normaux de l'exploitation.

Les express spéciaux sont tracés de manière à acheminer les permissionnaires entièrement par voie ferrée sans traverser Paris. En conséquence, aucun permissionnaire, à l'exception de ceux à destination de Paris ou de sa banlieue, ne doit séjourner à Paris sans s'exposer aux sanctions les plus rigoureuses.

Les permissionnaires doivent se rendre directement sans arrêt dans la localité pour laquelle ils ont demandé leur permission.

76. Les permissionnaires qui n'ont demandé leur permission que pour une seule destination et qui désirent se rendre dans une autre localité doivent demander l'autorisation au général commandant la subdivision ou, à défaut, au commandant d'armes, ou, à défaut, à la gendarmerie dont relève la localité mentionnée sur le titre de permission. Cette autorisation ne peut être accordée qu'à titre exceptionnel et pour des raisons sérieuses.

Elle fait l'objet d'un nouveau titre de permission comportant l'obligation pour le bénéficiaire de voyager à ses frais au tarif militaire.

77. Sous aucun prétexte, l'autorisation de se déplacer ne peut être accordée ni aux permissionnaires qui ont demandé leur permission pour deux destinations, ni plus d'une fois au cours d'une même permission.

Le permissionnaire doit rapporter au corps les deux titres de permission.

78. Les officiers n'ont pas à solliciter l'autorisation pour les déplacements au cours de leur permission.

La présentation du titre de permission délivré par le corps leur permet de se faire délivrer des billets au tarif militaire.

CHAPITRE VII

Discipline des trains de permissionnaires.

(§§ 79 et 80.)

79. Les trains de permissionnaires sont accompagnés d'une garde de police, conformément aux instructions de détail envoyées aux généraux commandant les régions.

À tous les arrêts dans une station, le chef de la garde de police ou le sous-officier doit descendre et, s'il existe un commissaire militaire, se présenter à lui et prendre ses instructions.

Avant le départ, l'officier ou l'adjudant de service fait, autant que possible, vérifier par le sous-officier, accompagné d'un agent du chemin de fer, les titres de permissions, afin d'éviter les erreurs de direction. Pour le voyage vers le front, il fait vérifier en même temps si la date de la case F est bien celle du jour; si la date n'est pas celle du jour, les prescriptions du paragraphe 68 doivent être appliquées.

Aux gares de bifurcation, où les permissionnaires peuvent trouver des trains de l'exploitation se dirigeant vers Paris, une surveillance particulière doit être exercée. Toutes indications sur ces gares sont fournies au départ par le commissaire militaire ou le chef de gare, qui remet à l'officier ou à l'adjudant l'horaire du train qu'il accompagne.

Si les militaires méritent une punition, le chef de la garde de police la porte à son rapport, avec le motif; de plus, sur la permission du militaire, il inscrit la mention : « A été puni par le chef de la garde de police du train de permissionnaires (lettre du train), le . . . . . ., signature . . . . . . »
En outre, ils sont, à leur arrivée, et sans qu'ils puissent sortir de la gare, renvoyés sur le front.

Les commissaires de gare doivent veiller avec le plus grand soin à l'observation de la discipline pendant le parcours. Ils prennent les mesures nécessaires pour que les militaires ne montent pas dans les trains où ils n'ont pas accès, ou dans les voitures des classes où ils ne sont pas admis.

Lorsque les fautes contre la discipline se produisent dans leur gare, il leur appartient de prendre sans faiblesse toutes mesures nécessaires et, s'il y a lieu, de faire immédiatement une enquête sur les faits qui se sont produits.

Tous les dimanches et jours de fêtes, et, en outre, aussi souvent que possible, dans les gares de l'intérieur, particulièrement dans les gares où se trouve un commissaire militaire, la gendarmerie doit exercer un contrôle très strict sur les permissionnaires en stationnement dans la gare et surtout de passage dans les trains.

Elle porte spécialement son attention sur le titre de permission, sur le train qu'utilise le permissionnaire et sur la classe où il voyage.

Les agents des réseaux de chemins de fer ne doivent délivrer des billets aux militaires isolés (officiers exceptés) que sur le vu d'une permission régulière émanant d'une autorité militaire dûment qualifiée et autorisant le militaire à se rendre dans la localité pour laquelle il demande un billet. Toutefois, il peut être délivré des billets au tarif militaire pour se rendre à la gendarmerie desservant leur résidence et revenir à leur point de départ. Si le militaire n'a pas de titre de permission, les employés ne doivent pas lui délivrer de billet, même à plein tarif.

S'il a un titre d'absence, ils ne doivent pas lui délivrer de billets sur le vu d'un laissez-passer ou d'une permission qui n'est pas signée d'une autorité militaire.

Les militaires qui ne sont pas en possession de leur titre de permission sont mis, par les commissaires des gares, à la disposition de la gendarmerie.

Toutefois, ceux dont la bonne foi ne paraît pas douteuse sont renvoyés immédiatement sur la gare régulatrice de leur armée et sont confiés à des gradés retournant directement au front, toutes les fois qu'il sera possible de le faire.

Dans les gares qui ne possèdent pas de commissaire militaire, les militaires en situation irrégulière doivent être, si possible, signalés à la gendarmerie ou au commissaire militaire de la gare la plus voisine dans le sens du parcours qui prend à leur égard les mesures indiquées ci-dessus.

Toutes les mesures doivent être prises pour éviter que les militaires circulent dans une classe à laquelle ils n'ont pas droit. Un contrôle très sévère doit être exercé sur toutes les lignes, dans les stations et en marche, surtout les samedis, dimanches, jours de fêtes et veilles de fête. Les noms des délinquants doivent être signalés à l'autorité militaire.

80. *Interdiction aux permissionnaires d'emporter des explosifs.* — Il est formellement interdit aux militaires de conserver par devers eux des armes, des munitions et des engins de guerre.

Les autorités militaires à tous les degrés de la hiérarchie sont invitées à veiller sévèrement à ce qu'aucun relâchement ne se produise plus dans l'application des ordres donnés à ce sujet.

Dans chaque corps ou service, avant tout départ de permissionnaires, il sera spécialement désigné un officier pour contrôler, par une inspection minutieuse, qu'aucun militaire n'est détenteur d'armes, de munitions ou d'engins.

Cette surveillance sera complétée dans chaque gare d'embarquement, par les soins des généraux commandant les armées, au moyen d'un service de contrôle des permissionnaires, comprenant un personnel suffisant en officiers et en sous-officiers.

En cours de transport, pendant les arrêts dans les gares de triage de permissionnaires, dans les gares de bifurcation, aux principales gares d'arrivée, un service de contrôle organisé par les autorités régionales passera également l'inspection des permissionnaires.

Tout militaire trouvé détenteur d'armes, de munitions ou d'engins, sera immédiatement privé de permission. Il sera remis sans délai en route sur sa formation. La mention « Renvoyé aux armées pour transport d'engins de guerre » sera inscrite à l'encre rouge sur le titre de permission. Il subira une punition de trente jours d'arrêt de rigueur ou de prison, infligée par ordre du général commandant en chef.

Dans tous les cas, un compte rendu sera adressé au général commandant l'armée intéressée, soit directement, soit sous le couvert du général commandant en chef, et une enquête sera ouverte à l'effet de déterminer les responsabilités.

DEUXIÈME PARTIE

(§§ 81 à 125.)

PERMISSIONS

AUX MILITAIRES DE L'INTÉRIEUR

c'est-à-dire :

1º Aux militaires de la zone de l'intérieur;
2º Aux militaires des régions de la zone des armées stationnées en deçà de la ligne de démarcation pour la circulation en chemin de fer.

CHAPITRE I

Permissions de détente.

(§§ 81 à 88.)

RÉGIME NORMAL : VINGT ET UN JOURS PAR AN

81. *Les militaires mobilisés dans la France continentale* recevront leur allocation réglementaire, à destination de localités du territoire français ou de Monaco, à raison d'une permission de sept jours par période de quatre mois.

82. Pour la Grande-Bretagne et l'Italie, à raison d'une permission de onze jours (la première fois) et d'une permission de dix jours (la seconde fois) par période de six mois.

83. Pour tous les autres pays (y compris la Corse et l'Afrique du Nord) (1) et sous les réserves mentionnées au chapitre : « Étranger », une permission de vingt et un jours par an.

84. *Les militaires mobilisés en Corse* obtiendront, pour le pays où ils se trouvent, une permission de sept jours par période de quatre mois. Pour tous les autres pays, ils obtiendront une permission de vingt et un jours par an.

85. Les militaires des bataillons d'Afrique, des sections spéciales et des groupes spéciaux, les exclus, ne pourront obtenir de permission qu'à titre de faveur et qu'autant que leur conduite et leur manière de servir auront donné

---

(1) Voir à la 3ᵉ partie, dispositions spéciales aux chapitres : permissions des Corses, des Algériens et des Tunisiens, créoles, indigènes.

toute satisfaction à leurs chefs. (Les cadres français ne sont pas compris dans cette limitation.)

86. Les militaires de la légion étrangère, exception faite pour les cadres français, pour ceux dont la nationalité française est établie et pour ceux qui ont leur domicile légal et leur famille en France, ne pourront obtenir des permissions que pour le pays où ils se trouvent.

87. Les gendarmes et les pompiers obtiendront des permissions dans la mesure compatible avec les nécessités de leur service spécial.

88. Les militaires des missions pourront obtenir, des chefs de mission, s'il y a lieu, une permission de repos pour le pays où ils se trouvent, suivant les nécessités du service. En aucun cas, ces permissions de repos ne devront excéder vingt et un jours par an. Ils conserveront dans ce cas le bénéfice de la permission de trente jours à leur retour en France.

CHAPITRE II

Permissions agricoles.

(§ 89.)

89. Les permissions agricoles pour les militaires de l'intérieur font l'objet de dispositions prises sous le timbre de l'état-major de l'armée (1er bureau).

CHAPITRE III

Permissions de convalescence.

(§§ 90 à 94.)

90. Les militaires de l'intérieur hospitalisés à la suite d'accident survenu ou de maladie contractée en service commandé, bénéficieront d'une permission de convalescence de sept jours à laquelle pourra être jointe, s'il y a lieu, la permission de détente dont ils n'auraient pu bénéficier du fait de leur hospitalisation.

91. *Dans tous les cas*, la permission de convalescence ne pourra être prolongée que d'une seule permission de détente.

92. Les médecins chefs des formations sanitaires devront s'assurer des droits des intéressés à une permission de détente, au moyen des inscriptions portées sur le feuillet spécial du livret individuel, ou au moyen d'une demande de renseignements adressée aux commandants de dépôt ou aux chefs de service.

93. La permission de convalescence de sept jours ne sera accordée qu'à destination de la France continentale — petites îles et principauté de Monaco comprises — quel que soit le pays d'origine de l'intéressé.

94. Elle pourra être accordée, pour la Corse, l'Afrique du Nord, la Grande-Bretagne ou l'Italie, aux militaires qui pourront prétendre en même temps, dans les conditions indiquées ci-dessus, à la permission de détente spéciale à chacune de ces destinations.

CHAPITRE IV

Tour de permission.

(§§ 95 à 102.)

95. Les militaires de l'intérieur qui vont en permission trois fois par an sont inscrits sur une liste dite « tour de permissions » tenue dans chaque unité.

Un tour de permissions est établi pour chaque période de quatre mois (*février-fin mai, juin-fin septembre, octobre-fin janvier*).

96. Tout militaire rentrant de permission est inscrit sur la liste de départ pour une prochaine permission, d'après la date de son retour à l'unité.

97. Tout militaire qui arrive dans une unité par mutation d'un autre corps est porté sur la liste de départ à la place que lui assigne la date de retour de sa dernière permission et non la date de son arrivée à son nouveau corps.

Dans le cas où plusieurs hommes arrivent le même jour dans une unité, il doit être fait état, pour la priorité, de la classe d'abord et, à égalité de classe, du nombre d'enfants.

98. Les militaires qui sont soumis au régime de la permission bi-annuelle ou de la permission annuelle sont inscrits sur un tour de départ spécial à chaque catégorie.

99. Les militaires qui, du fait d'absences prolongées de leur unité pour des causes étrangères au service ou pour blessures reçues ou maladies contractées en dehors du service, n'ont pu obtenir de permission de détente, ne pourront prétendre au rappel des permissions de détente passées, ni au cumul de ces dernières avec celle qu'ils pourront obtenir dans la période en cours.

Les militaires qui pour des raisons de service (très exceptionnellement) n'ont pu bénéficier de la permission de détente à leur tour normal, pourront en bénéficier dans la période suivante, ou en demander le cumul avec leur prochaine permission.

100. Les militaires absents illégalement pour la première

fois verront leur tour de départ reculé d'autant de quinzaines qu'ils auront de journées d'absence illégale, et leur
prochaine permission diminuée d'un nombre de jours
égal à celui de l'absence irrégulière, sans préjudice des
sanctions disciplinaires à intervenir. En cas de récidive
dans l'année, ils verront leur permission suivante supprimée et seront inscrits sur le tour de départ suivant comme
s'ils avaient normalement bénéficié de la permission supprimée.

101. Les militaires qui sont punis de prison au moment
où arrive leur tour de départ ne peuvent aller en permission
qu'après avoir terminé leur peine (Voir chapitre : « Sanctions disciplinaires »).

102. Les militaires de l'intérieur qui ont des fils mobilisés bénéficieront, sur leur demande, de la permission
de détente de façon à se rencontrer avec eux.

La liste de départ ne devra pas être modifiée et ces permissions seront accordées *hors tour.*

Les intéressés seront inscrits pour la permission suivante
comme s'ils avaient bénéficié de leur allocation à leur rang
normal.

CHAPITRE V
Délais de route.
(§§ 103 à 108.)

103. Les militaires de l'intérieur passent à destination
le nombre de jours auquel ils ont droit pour leur permission ;
les titres doivent indiquer le jour et l'heure où le militaire
doit rejoindre son unité.

En conséquence, ils bénéficieront de leurs délais de route
de la façon suivante :

104. Militaires qui se rendent dans une localité reliée
au point de départ directement et par une ligne où circulent
deux trains par jour :

Trajet total, aller et retour, égal ou inférieur à 400 kilomètres : pas de délai ;

Trajet total, aller et retour, de 401 à 800 kilomètres :
un jour ;

Trajet total, aller et retour, de 801 à 1.600 kilomètres :
deux jours ;

Trajet total, aller et retour, de 1.601 à 3.000 kilomètres :
trois jours ;

Trajet total, aller et retour, égal ou supérieur à 3.001 kilomètres : quatre jours.

105. Militaires qui se rendent dans une localité non
reliée au point de départ directement et par une ligne où
circulent deux trains par jour :

Trajet total, aller et retour, égal ou inférieur à 200 kilomètres : pas de délai.

Trajet total, aller et retour, de 201 à 400 kilomètres : un jour;

Trajet total, aller et retour, de 401 à 800 kilomètres : deux jours;

Trajet total, aller et retour, de 801 à 1.200 kilomètres : trois jours;

Trajet total, aller et retour, de 1.201 à 3.000 kilomètres : quatre jours;

Trajet total, aller et retour, égal ou supérieur à 3.001 kilomètres : cinq jours.

106. Les militaires qui vont en permission dans une localité située à plus de 10 kilomètres d'une gare et non reliée à cette gare par un service régulier de voitures obtiendront un jour de délai supplémentaire. Ils devront rapporter au retour un certificat de la gendarmerie attestant que la localité où ils ont passé leur permission se trouve à plus de 10 kilomètres de toute gare et qu'ils n'ont pu faire le trajet qu'à pied.

Ils doivent se présenter au corps au plus tard le lendemain du jour où expire la permission (ou le congé) et au réveil.

107. Cette règle ne comporte pas d'exceptions. Elle doit être suivie également par les militaires qui ont séjourné dans une seule localité pendant leur permission (ou congé) comme par ceux qui se sont déplacés.

108. Les permissionnaires de l'intérieur à destination d'une localité de la zone des armées pourront obtenir de l'autorité qui leur délivre des permissions que les délais de route réglementaires soient augmentés s'ils sont reconnus insuffisants en raison des difficultés de transport.

CHAPITRE VI

Conditions de transport.

(§§ 109 à 120.)

109. Les militaires de l'intérieur ont droit à la gratuité du voyage pour toutes les permissions autres que celles de vingt-quatre et de quarante-huit heures :

a) Permissions de détente, permissions agricoles et permissions exceptionnelles.

La veille du départ des permissionnaires, les dépôts demandent aux chefs de gare les billets nécessaires, les **paient** et les remettent aux permissionnaires.

Chaque permissionnaire reçoit soit un billet d'aller et retour, soit deux billets, l'un pour l'aller, l'autre pour le retour. Dans le second cas le billet de retour porte au verso la mention : « Retour à (nom de la gare de départ). »

Lorsque les permissionnaires se rendent dans une localité pour laquelle le chef de gare ne peut délivrer de billet militaire, ils reçoivent, par les soins du corps, deux ordres de transport, l'un pour l'aller, l'autre pour le retour ; sur ces ordres de transport doit être portée la mention : « Permissionnaire à taxer au quart militaire » et l'indication de la classe dans laquelle le permissionnaire doit voyager.

Pour les officiers d'état-major et les officiers sans troupe, il doit être fait usage exclusivement des ordres de transport. Il en est de même pour les hommes de troupe, lorsque des difficultés sérieuses s'opposent à ce qu'il soit pris des billets.

Suivant le cas, le corps inscrit sur les titres de permission la mention : « Billets remis » ou « Ordres de transport remis. »

b) Permissions de convalescence.

Les permissionnaires reçoivent les ordres de transport nécessaires pour le trajet d'aller jusqu'au lieu où ils passent leur convalescence et pour le trajet de retour, depuis le lieu où ils ont passé leur convalescence jusqu'au dépôt du corps. L'ordre de transport du trajet de retour doit porter la mention : « A taxer au quart militaire. »

Il faut, à l'aller et au retour, un ordre de transport pour le trajet sur les grands réseaux et un par compagnie secondaire empruntée.

Sauf pour les officiers, le titre de congé ne peut suffire à obtenir un billet à quart de place, même si le militaire est en tenue.

Un homme de troupe en congé de convalescence qui doit se déplacer doit demander une permission au général commandant la subdivision dont il dépend. La permission lui donne droit au tarif militaire.

110. Les officiers voyagent gratuitement, pour se rendre à leur destination régulière, en 1re classe.

Les adjudants-chefs, adjudants et assimilés, aspirants (ainsi que les militaires décorés de la Légion d'honneur ou de la Médaille militaire) voyagent gratuitement, pour se rendre à leur destination régulière, en 2e classe.

Les autres militaires voyagent gratuitement, pour se rendre à leur destination régulière, en 3e classe. Toutefois, ces derniers peuvent voyager en 2e classe à la condition de payer le supplément au tarif militaire.

111. Tous les militaires voyagent au tarif militaire quand ils se déplacent en vertu d'une autorisation régulière au cours d'une permission ou d'un congé ou quand ils bénéficient d'une permission de vingt-quatre heures.

112. Les titres de permission du front ne doivent pas être employés pour les permissionnaires de l'intérieur.

113. Si, par hasard, cette prescription n'est pas observée, l'employé qui découvre l'erreur au départ doit refuser le titre, le retirer et l'adresser au 4e bureau de l'état-major de l'armée, mais si c'est en cours de route ou à destination que l'erreur est découverte, l'employé se borne à signaler sur son rapport le corps et le nom du militaire détenteur de la permission irrégulière; ces indications sont transmises à la commission du réseau intéressée.

114. Les permissionnaires qui se rendent à Paris, ou dans une localité des départements de la Seine et de Seine-et-Oise, reçoivent un titre de couleur rose, extrait d'un registre à souche. Toutefois, pour les permissionnaires du G. M. P. stationnés dans une localité de la Seine ou de Seine-et-Oise, les titres du temps de paix seront employés pour les permissions ne dépassant pas quarante-huit heures, lorsque les intéressés n'ont pas à prendre le chemin de fer.

115. Les titres de permission de l'intérieur doivent indiquer le jour et l'heure où le militaire doit rejoindre.

116. Les sous-officiers ou soldats en permission n'ont pas le droit de quitter la localité pour laquelle la permission leur a été accordée, sans l'autorisation du général commandant la subdivision, ou, à défaut, du commandant d'armes, ou, à défaut, de la gendarmerie.

Cette autorisation n'est accordée qu'à titre exceptionnel pour des raisons sérieuses.

Elle doit être portée sur le titre de permission sous la forme suivante : « Autorisé à se rendre à X... » suivie du titre, de la signature et du cachet de l'autorité militaire.

117. Tous les déplacements autres que le voyage qui devait être normalement effectué, ont lieu aux frais du permissionnaire, au tarif militaire.

118. Sous aucun prétexte, l'autorisation susvisée ne peut être accordée plus d'une fois au cours d'une même permission.

119. Ces permissions ne peuvent être prolongées ou renouvelées. Toutefois, dans les cas exceptionnels, une prolongation peut être accordée par les généraux commandant les subdivisions, aux militaires qui en font la demande, à la condition qu'une enquête préalable en ait prouvé la nécessité absolue.

120. Les titres de permission de l'intérieur doivent indiquer la date (jour et heure) à laquelle le militaire doit rejoindre son unité.

CHAPITRE VII

Permissions de vingt-quatre heures.

(§§ 121 à 125.)

121. Les permissions de vingt-quatre heures peuvent être accordées dans la mesure où elles se concilient avec les possibilités de transport par voie ferrée.

122. Pour celles qui nécessitent un trajet en chemin de fer, les commandants d'armes devront se mettre en rapport avec les agents locaux des compagnies de chemins de fer, afin de se renseigner sur le nombre de places disponibles dans les différents trains, et répartir ces places entre les corps et services de la garnison.

123. Il est indispensable de ne pas dépasser les chiffres qui sont indiqués, car, dans aucun cas, les trains ne peuvent être dédoublés, leur nombre ne peut être augmenté et il faut éviter le désordre ou les incidents que ne manquerait pas d'entraîner l'impossibilité d'embarquer les permissionnaires.

124. D'autre part, pour faciliter dans la plus large mesure l'octroi des permissions de vingt-quatre heures, malgré la gêne des transports dans tous les corps et services où le repos hebdomadaire n'est pas uniformément fixé au dimanche, et peut être donné par roulement, des permissions de vingt-quatre heures avec trajet en chemin de fer peuvent être accordées le jour de repos, à raison de 20 % au maximum de l'effectif présent pour les régions de l'intérieur et de 10 % au maximum de l'effectif présent pour les régions de la zone des armées situées en deçà de la ligne de démarcation pour la circulation en chemin de fer. La concession de ces permissions ne doit d'ailleurs jamais avoir pour conséquence d'entraver le service.

La classe, la profession des militaires ainsi que leur situation sont des éléments d'appréciation dont les chefs de corps et de service doivent tenir compte dans l'attribution de ces permissions.

125. Enfin, on peut bloquer en une permission de quarante-huit heures deux permissions de vingt-quatre heures, ce qui diminuera d'autant le nombre des voyages par chemin de fer.

TROISIÈME PARTIE
(§§ 126 à 265.)

DISPOSITIONS COMMUNES

CHAPITRE I
Permissions exceptionnelles.
(§§ 126 à 131.)

126. En raison des nouvelles obligations qui incombent aux services des transports comme conséquence de l'extension du régime des permissions, les permissions exceptionnelles ne seront accordées que pour les cas suivants, et pour une durée strictement limitée à la cause qui les a motivées, sans que cette durée puisse excéder trois jours, délais de route non compris, aux militaires qui bénéficient de trois permissions de détente par an :

1° Aux militaires qui, devant se marier, ne préféreraient pas bénéficier des dispositions du paragraphe 133 : Prolongation de la permission de détente;

2° A l'occasion du décès ou de la maladie grave (mettant les jours en danger) du père, de la mère, de la femme ou de l'enfant;

3° A l'occasion du décès d'un frère mort pour la France, ou pour aller visiter à l'hôpital un frère blessé de guerre et en danger de mort;

4° A l'occasion de la naissance d'un enfant;

5° Aux militaires qui désirent se rendre dans une région libérée d'où ils sont originaires, ou qui désirent visiter des parents proches (père, mère, enfants, frère ou sœur), ou femme, ou parent éloigné seul survivant de la famille, demeurés dans la région libérée, ou évacués sur l'intérieur ou rapatriés des pays ennemis.

127. Les militaires qui sont soumis au régime de la permission annuelle ou de la permission bi-annuelle pourront obtenir, et seulement à destination de la France, de la Corse, de l'Afrique du Nord, de la Grande-Bretagne et de l'Italie, leur permission de détente hors tour, augmentée de trois jours, à l'occasion de la naissance d'un enfant, du décès de leur père, de leur mère, de leur femme ou de leur enfant.

S'ils ont déjà bénéficié de leur permission de détente, ils recevront, à l'occasion des événements de famille mentionnés ci-dessus, une permission exceptionnelle de cinq jours, délais de route non compris.

En aucun cas, ils ne pourront obtenir, pendant la même année (octobre à fin septembre), plus d'une fois cette permission exceptionnelle de cinq jours.

128. Le bénéfice de la permission exceptionnelle ne peut être revendiqué qu'au moment où l'intéressé apprend l'événement qui la justifie (sauf dans le cas de force majeure). Par suite, le militaire qui, postérieurement à un événement de famille, a déjà obtenu une ou plusieurs permissions de détente sans réclamer le bénéfice de la permission à titre exceptionnel n'a plus droit à une permission exceptionnelle pour ce motif.

129. En raison de l'accélération de la marche des trains de permissionnaires, la permission exceptionnelle ne donne pas le droit de voyager dans les trains de l'exploitation, en ce qui concerne les militaires des armées.

Toutefois, les permissions exceptionnelles, motivées par les cas de décès ou de maladie visés aux alinéas 2º et 3º du paragraphe 126 ci-dessus, donneront aux bénéficiaires, mais pour le voyage d'aller seulement, la faculté d'emprunter les trains de l'exploitation. Mention de cette autorisation sera portée sur le titre de permission par le chef de corps.

130. Les chefs de corps auront toute qualité pour accorder, à l'occasion des événements de famille précités, la permission de détente augmentée de trois jours, hors tour, toutes les fois que les nécessités du service n'y feront pas obstacle et sans que l'octroi de cette permission puisse apporter une modification quelconque au tour régulier de départ de l'unité. A son retour, le militaire sera inscrit au tour de départ de la prochaine période de quatre mois, comme s'il avait bénéficié de sa permission à la date régulière.

131. Les bénéficiaires de permission exceptionnelle, ou de permission hors tour, devront fournir à leur retour à l'unité une pièce de la gendarmerie ou du commissariat de police attestant la réalité du fait qui a motivé cette mesure.

En cas de fraude, ils seront privés de l'allocation réglementaire suivante, sans préjudice des sanctions disciplinaires à intervenir.

CHAPITRE II

Prolongations.

(§§ 132 à 141.)

132. Les militaires des armées qui ont été cités à l'ordre ou qui ont été décorés de la Légion d'honneur ou de la Médaille militaire avec Croix de guerre, recevront de *leur chef de corps* (ou du médecin chef, s'ils sont hospitalisés) une prolongation de deux jours à leur prochaine permission de détente, ou à leur permission ou congé de convalescence; cette prolongation ne peut être accordée qu'une seule fois par citation.

En aucun cas, la citation ne peut donner lieu à une permission exceptionnelle prise en dehors de la permission ou du congé.

133. Les militaires (des armées et de l'intérieur) qui doivent se marier pendant leur permission de détente ou qui apprennent, avant leur départ en permission, la naissance d'un enfant (légitime, reconnu ou qu'ils vont reconnaître) recevront de leur chef de corps une prolongation de trois jours.

134. Les généraux commandants de subdivision pourront accorder une prolongation de permission, qui n'excédera pas trois jours, aux militaires qui en fin de permission (c'est-à-dire la veille ou l'avant-veille de leur retour à l'unité) apprendront :

Que leur pays d'origine vient d'être libéré de l'occupation ennemie ;

Qu'un parent proche (père, mère, enfant, frère, sœur) ou leur femme ou encore qu'un parent éloigné, mais seul survivant de la famille, vient d'être rapatrié d'un pays ennemi ou des régions envahies ;

Que leur père, mère, femme, enfant, frère ou sœur a sa vie en danger ou vient de décéder ;

Ou vient d'être blessé et se trouve en danger de mort ;

Que leur fils va partir pour les armées ;

Ou apprendront la naissance d'un enfant.

135. En conséquence, les permissionnaires qui apprennent l'un des événements mentionnés ci-dessus trois jours au moins avant la fin de leur permission, n'obtiendront pas de prolongation, mais l'autorisation de se déplacer, s'il y a lieu.

136. Les militaires qui ont bénéficié d'une prolongation de permission doivent fournir, à leur retour à l'unité, un certificat de la gendarmerie ou du commissariat de police attestant la réalité du fait qui a motivé la prolongation.

137. Toute prolongation de séjour à l'intérieur d'un permissionnaire du front, soit pour raisons de santé, soit pour raisons de famille, donne lieu à l'établissement immédiat d'un compte rendu motivé, que la subdivision envoie directement, par la voie postale, au corps ou service intéressé.

138. Au sortir de la formation sanitaire où ils ont été hospitalisés, ou à l'expiration de leur congé de convalescence ou prolongation de permission, tous les militaires permissionnaires du front, ayant, à titre exceptionnel, prolongé leur séjour dans la zone de l'intérieur, sont dirigés sur la gare régulatrice par laquelle ils sont arrivés et non sur le dépôt de leurs corps, sauf ceux qui sembleraient susceptibles d'une réforme définitive ou temporaire ou d'un classement dans le service auxiliaire et qui sont dirigés sur le centre spécial de réforme le plus proche.

139. Les militaires qui, par des déclarations erronées, auraient obtenu une prolongation de permission, auront leur allocation suivante supprimée, sans préjudice des sanctions disciplinaires à intervenir.

140. En aucun cas, les demandes de prolongation ne doivent être adressées au ministre. Toute demande qui lui serait adressée serait considérée comme nulle et non avenue.

141. Des prolongations de congé (non de permission) de convalescence peuvent être accordées par la commission de convalescence la plus voisine de la résidence.

CHAPITRE III

Permissions de départ.

(§§ 142 à 153.)

A

142. Les militaires désignés pour le front français, à l'exception de ceux qui ont revu leur famille depuis moins d'un mois, devront bénéficier avant leur départ de leur allocation réglementaire pour la période en cours.

143. En arrivant à l'unité de destination au front, les hommes seront inscrits sur la liste des tours de permissions selon qu'ils rentrent dans l'un ou l'autre des deux cas ci-après :

a) Les militaires ayant bénéficié de leur permission de détente pour la période en cours sont inscrits, pour la prochaine permission, à la suite de leurs camarades ayant obtenu leur allocation réglementaire pendant la même période ;

b) Les militaires n'ayant pas joui de leur permission de détente pour la période en cours sont inscrits, sur la liste de départ pour la permission dont ils n'ont pas encore bénéficié, à la suite des hommes de leur unité qui n'ont pas encore obtenu leur permission ;

c) Les militaires désignés pour les armées au cours d'une permission ne seront rappelés qu'en cas d'urgence absolue. A leur rentrée au dépôt, ils seront dirigés individuellement sur le corps pour lequel ils ont été désignés. Dans le cas où, exceptionnellement, la permission d'un militaire aurait été interrompue par suite d'un rappel urgent, le nombre de jours dont il n'aurait pas bénéficié serait ajouté à sa prochaine permission de détente.

144. Les chefs de corps et de services devront faire connaître aux intéressés dans quelles conditions leur sera accordée leur prochaine permission de détente au front.

B

145. Les militaires du front français ou de l'intérieur désignés pour l'armée d'Orient recevront :

1° Une permission de dix jours s'ils n'ont pas revu leur famille depuis trois mois;

2° Une permission de six jours s'ils ont revu leur famille depuis moins de trois mois.

146. Les militaires provenant des armées du Nord et du Nord-Est et désignés pour l'armée d'Orient seront tous envoyés par les armées en permission de dix jours ou de six jours suivant le cas et ne rejoindront les dépôts annexes qu'à l'issue de leur permission.

147. Les militaires de l'intérieur, désignés pour l'armée d'Orient, devront bénéficier de la permission de dix jours ou de six jours avant le départ de leur dépôt d'origine. Ce n'est que dans le cas très exceptionnel où cette mesure n'aurait pu être appliquée par le dépôt d'origine, que le commandant du dépôt annexe devra, sur l'examen des feuilles de route, des titres de permission et des états fournis par les dépôts d'origine, faire droit aux réclamations qui lui seraient adressées.

148. Le passage par les dépôts annexes n'ouvre par lui-même aucun droit à une permission spéciale.

149. Le commandant du dépôt annexe ne doit signaler sous sa responsabilité, *comme prêts à partir,* que les hommes qui ont bénéficié de l'une des deux permissions indiquées ci-dessus.

150. Il est entendu que tout militaire désigné pour l'armée d'Orient n'a droit qu'à une permission de dix jours ou à une permission de six jours. Aucune permission ne sera accordée en *cours de route,* c'est-à-dire à partir du moment où les détachements quitteront le dépôt annexe ou de rattachement, quelle que soit la durée des séjours imposés par les nécessités du service dans certains points du parcours, Marseille notamment.

151. Les réclamations présentées en cours de route n'interromprent jamais le voyage. Elles seront transmises pour information au ministre (Cabinet, 2° bureau) qui leur donnera, s'il y a lieu, après enquête, la suite qu'elles comportent.

152. Ces dispositions devront être portées à la connaissance des hommes en instance de départ pour l'armée d'Orient et affichées dans les locaux communs des dépôts d'origine et des dépôts annexes ou de rattachement.

153. Les militaires désignés pour le Maroc ou pour une mission militaire en pays alliés recevront :

1º Une permission de dix jours s'ils n'ont pas revu leur famille depuis trois mois;

2º Une permission de six jours s'ils ont revu leur famille depuis moins de trois mois.

CHAPITRE IV

Permission de retour.

(§§ 154 à 157.)

154. Les militaires évadés, évacués ou rapatriés des pays ennemis ou occupés par l'ennemi bénéficieront, quelle que soit la durée de leur absence, d'une permission de trente jours; un congé de convalescence de plus de trente jours tient lieu de cette permission.

155. Les militaires, officiers ou hommes de troupe, revenus en France après un séjour de dix-huit mois au moins dans un pays autre que la France, c'est-à-dire Orient, Maroc, colonies, etc., bénéficieront, à leur arrivée de préférence et avant même de rejoindre le dépôt, d'une permission de trente jours qu'ils pourront cumuler avec un congé de convalescence jusqu'à concurrence de trente jours.

156. Les militaires revenus en France après un séjour égal ou supérieur à six mois, mais inférieur à dix-huit mois, en Orient, Maroc, colonies, etc., bénéficieront, à leur arrivée de préférence et avant même de rejoindre le dépôt, d'une permission de vingt-cinq jours qu'ils pourront cumuler avec un congé de convalescence, jusqu'à concurrence de trente jours.

157. Dispositions spéciales aux réchappés des bateaux torpillés. — Les militaires en route pour l'armée d'Orient, au titre des renforts ou de la relève, réchappés de bateaux torpillés, recevront, par les soins du gouverneur de Marseille, une permission exceptionnelle de sept jours à l'issue de laquelle ils rejoindront leur dépôt annexe ou de rattachement.

CHAPITRE V

Permissions des conseillers généraux.

(§§ 158 à 160.)

158. Il sera accordé à l'occasion des sessions aux conseillers généraux mobilisés une permission ordinaire de détente, *hors tour,* augmentée du nombre de jours correspondant à la durée probable de la session.

159. Les intéressés produiront, à l'appui de leur demande, une lettre du préfet de leur département qui donnera toutes indications utiles, tant sur la date que sur la durée de la session.

160. Les conseillers généraux de la Corse et de l'Algérie (sauf ceux qui sont en service dans leur département) ainsi que ceux qui sont mobilisés au Maroc et à l'armée d'Orient, ne pourront participer qu'aux sessions ordinaires du printemps et de l'automne, chacune de leurs deux permissions de détente, indépendamment du supplément prévu ci-dessus, sera d'une durée de quinze jours s'ils sont aux armées, et de onze jours la première fois et de dix jours la seconde fois, s'ils sont à l'intérieur.

CHAPITRE VI

Permissions des Corses, des Algériens et des Tunisiens.

(§§ 161 à 163.)

A — Permissions des Corses

161. Les militaires originaires de la Corse bénéficieront *annuellement*, à partir du 1er octobre 1917 :

Militaires des armées du Nord et du Nord-Est, de deux permissions de quinze jours, à passer en Corse.

Militaires de l'intérieur :

a) Soit d'une permission de vingt et un jours à passer en Corse ;
b) Soit d'une permission de quatorze jours à passer en Corse (valable pour deux périodes de quatre mois) et une de sept jours à passer en France (valable pour la dernière période de quatre mois).

B — Permissions des Algériens et des Tunisiens

162. Les militaires originaires de l'Algérie et de la Tunisie bénéficieront annuellement, à partir du 1er octobre prochain :

1º *Militaires des armées du Nord et du Nord-Est :*
a) Soit d'une permission de trente jours à passer dans leur pays d'origine ;
b) Soit d'une permission de vingt jours (valable pour deux périodes de quatre mois) à passer dans leur pays d'origine, et d'une permission de dix jours à passer en France (valable pour la dernière période de quatre mois).

2° *Militaires de l'intérieur :*

a) Soit d'une permission de vingt et un jours à passer dans leur pays d'origine;

b) Soit d'une permission de quatorze jours pour leur pays d'origine et d'une permission de sept jours pour la France, valable comme il est indiqué ci-dessus.

163. En ce qui concerne les militaires indigènes de l'Algérie et de la Tunisie, il y a lieu de préciser que, s'ils optent pour le deuxième régime, ils ne pourront passer leur permission de dix jours ou de sept jours en France que dans un centre d'hébergement, puisque *dans aucun cas*, ils ne peuvent être reçus en permission par une famille française.

CHAPITRE VII

Créoles.

(§§ 164 à 173.)

A

164. Les départs en permission des militaires originaires des colonies s'effectueront dans les conditions suivantes, à partir du 1er octobre 1917.

165. Bénéficieront de ces permissions les militaires soumis à la loi de recrutement, originaires des colonies autres que l'Algérie, la Tunisie ou le Maroc, ou qui y avaient leur domicile légal au moment de leur incorporation (à l'exclusion des fonctionnaires coloniaux envoyés de la métropole ou d'une autre colonie) (1), sous réserve qu'ils réuniront les conditions suivantes :

1° Avoir au moins dix-huit mois de présence ininterrompue sous les drapeaux, tant en Europe, qu'en Algérie, Tunisie et Maroc;

2° N'avoir pas bénéficié antérieurement d'une permission ou d'un congé de convalescence à destination de leu pays d'origine.

166. La durée des permissions est fixée à trente jours, voyage aller et retour non compris.

167. Les militaires réunissant les conditions indiquées au paragraphe 2, qui obtiendront un congé de convalescence égal ou supérieur à un mois, seront, sur leur demande, autorisés à passer ce congé dans leur colonie d'origine; ils ne pourront bénéficier dans la colonie d'une permission de trente jours faisant suite à ce congé.

------

(1) Il est bien entendu que les fonctionnaires coloniaux originaires des colonies pourront obtenir une permission pour leur colonie d'origine.

168. Ceux qui ne réuniront pas dix-huit mois de présence en France ou qui auront déjà bénéficié d'une permission ou d'un congé à destination de leur colonie, ne seront autorisés à passer ce congé dans leur colonie d'origine que s'il est égal ou supérieur à deux mois.

B

169. Les titres d'absence, conformes au modèle joint à l'instruction du 25 décembre 1916 (*J. O.*, 26 et 27 déc.), accompagnés pour les congés, du titre délivré par la commission des congés, seront établis, sous leur responsabilité, par les chefs de corps ou de service, commandants de dépôts ou médecins chefs des formations sanitaires qui les signeront. Ces titres d'absence indiqueront la date du débarquement en provenance de la colonie d'origine et la durée de la permission ou du congé accordé.

170. Les titres seront transmis directement, par les chefs de corps ou de service, commandants de dépôt ou médecins chefs à l'Administration centrale (8ᵉ direction, 4ᵉ bureau) pour être revêtus de l'indication de la date et du port d'embarquement qui seront fixés suivant la capacité de transport des navires en partance.

Ils seront renvoyés, selon le cas, aux corps, services, dépôts ou formations sanitaires expéditeurs qui, après réception, mettront en route les intéressés pour rejoindre le port d'embarquement en temps utile.

171. Exceptionnellement, tous les permissionnaires et convalescents en service en Algérie, Tunisie et Maroc ou à l'armée d'Orient (à l'exception de ceux de l'A. O. à destination des colonies au delà de Suez) seront dirigés sur le dépôt des isolés coloniaux de Marseille en même temps que leurs titres seront transmis au département, et sans attendre le retour de ces titres que l'Administration centrale renverra au commandant du dépôt des isolés coloniaux chargé d'assurer la mise en route des intéressés sur le port d'embarquement.

172. Les permissionnaires et convalescents de l'armée d'Orient à destination d'au delà de Suez, seront dirigés, munis de leurs titres, sur Port-Saïd, où le commandant du dépôt de la base française assurera leur embarquement sur le premier paquebot en partance à destination de la colonie destinataire. Afin que les places nécessaires puissent être réservées au départ de Marseille à bord de ces paquebots, le général commandant en chef l'armée d'Orient télégraphiera au ministère (8ᵉ direction, 4ᵉ bureau), et au plus tard vingt jours avant la date de l'arrivée probable à Port-Saïd, le nombre de permissionnaires ou de convalescents à destination des colonies au delà de Suez en distinguant par colonie destinataire.

C

173. Les militaires qui obtiendront une permission à destination de leur colonie d'origine ne pourront ultérieurement prétendre à une permission de détente à passer en France qu'après l'expiration du délai d'un an. L'obtention d'un congé de convalescence passé dans la colonie d'origine n'exclut pas le droit aux permissions de détente ultérieures en France.

CHAPITRE VIII

Indigènes.

(§§ 174 à 178.)

174. Les indigènes, c'est-à-dire les sujets français, bénéficient des permissions dans les mêmes conditions que les autres militaires, mais étant données certaines difficultés matérielles, les permissions et congés de convalescence ne leur seront accordés que sous certaines réserves indiquées ci-après :

a) Ils ne peuvent être envoyés dans les familles françaises. Toutefois, l'indigène qui a épousé une Française peut se rendre dans la famille où réside sa femme;

b) Les médecins chefs des établissements hospitaliers où sont traités des militaires indigènes de l'Afrique du Nord (sous-officiers et soldats) adressent directement au gouverneur général de l'Algérie, au résident général de Tunisie ou au commissaire du Maroc, suivant le cas, une note (1) pour chacun des militaires indigènes qu'ils prévoient devoir être envoyés en congé de convalescence dans leur famille et ce, sans que le militaire indigène intéressé ait à provoquer une demande de la part de sa famille.

175. Ces militaires sont dirigés :

a) Les Algériens, les Tunisiens, sur la localité où demeure leur famille en Algérie et Tunisie, via Marseille.

Ils rejoignent, à l'expiration de leur congé, les portions centrales de leur corps en Algérie et en Tunisie, sauf, toutefois, ceux dont le congé ou la permission aurait été accordé à la sortie d'une formation sanitaire de la zone des armées, ceux-ci devant rejoindre directement leur corps aux armées;

b) Les Marocains, sur la localité où demeure leur famille au Maroc via Marseille ou Bordeaux, selon les dé-

---

(1) Le modèle de cette note est donné dans l'instruction générale sur l'hospitalisation et les décisions consécutives au traitement des militaires et ouvriers indigènes, n° 330, Cl. 7 du 25 novembre **1916.**

parts de paquebots. Ils rejoignent, à l'expiration de leur congé, la portion centrale des troupes marocaines à Rabat, sauf, toutefois, ceux dont le congé ou la permission a été accordé à la sortie d'une formation sanitaire de la zone des armées qui doivent rejoindre directement leur corps aux armées.

176. Les militaires indigènes de l'Afrique du Nord qui, ayant besoin d'un congé de convalescence, ne sont pas envoyés dans leur famille en Afrique, sont dirigés :

a) Les Algériens et les Tunisiens : sur les établissements de l'œuvre d'assistance aux convalescents des 15e, 16e, 17e et 18e régions;

b) Les Marocains : sur la maison de convalescence des troupes marocaines de San-Salvadour (Var).

A leur sortie de ces établissements, ils rejoignent les dépôts de passage de la 15e région : Aix pour les tirailleurs algériens; Alais, pour les tirailleurs tunisiens; Arles, pour les tirailleurs et spahis marocains; Tarascon, pour les spahis algériens et tunisiens.

177. Des permissions exceptionnelles pour événements graves de famille ne peuvent être accordées que sur autorisation spéciale du ministre (État-major de l'armée, section d'Afrique).

178. Les militaires indigènes de l'Afrique du Nord sortant des établissements hospitaliers, sans congé de convalescence, doivent être dirigés sur le dépôt de passage de leur corps en France. De là ils peuvent être envoyés dans leur pays d'origine dans les conditions qui ont fait l'objet d'instructions spéciales au général commandant la 15e région. A leur arrivée à la portion centrale de leur corps en Afrique, ils bénéficient d'une permission d'une semaine.

CHAPITRE IX

Étrangers.

(§§ 179 à 201.)

A — Permissions pour la Grande-Bretagne,
le Portugal et l'Italie

Il est accordé :

179. A destination de la Grande-Bretagne et de l'Italie : une permission de quinze jours par période de six mois pour les militaires du front français, et une permission de onze jours pour la première période de six mois, et une permission de dix jours pour la deuxième période de six mois pour les militaires de l'intérieur.

180. A destination du Portugal : une permission annuelle de trente jours ou de vingt et un jours à compter du jour qui suit l'arrivée au port de débarquement.

181. Ces permissions sont accordées : aux armées, par le général commandant le corps d'armée, et, à l'intérieur, par les généraux commandant les régions, sur la production par l'intéressé d'un certificat de résidence délivré par le consul français le plus proche de la localité où il résidait en temps de paix.

182. Les permissions pour la Grande-Bretagne et l'Irlande comptent à dater du jour qui suit la date d'arrivée au port d'embarquement; c'est là que les militaires doivent faire viser leur titre par le commandant d'armes à l'aller et au retour.

183. Les commissaires militaires français des gares de Vintimille et de Modane, en visant les titres d'absence des permissionnaires français qui se rendent en Italie, mentionneront sur ledit titre le délai nécessaire au parcours en territoire italien entre la gare frontière et le lieu de destination pour l'aller et pour le retour.

Les permissionnaires français ont droit au tarif militaire sur les chemins de fer italiens. Un ordre spécial modèle B leur sera remis à cet effet par l'officier italien de service à la gare frontière.

184. Les militaires à destination de la Grande-Bretagne, du Portugal ou de l'Italie pourront revêtir la tenue civile; pour tous les autres pays, la tenue civile est obligatoire.

B — Permissions pour la Suisse et pour l'Espagne

185. Les permissions à destination de la Suisse et de l'Espagne sont suspendues.

C — Permissions pour les pays d'outre-mer (Grande-Bretagne, Italie, Portugal exceptés)

186. Régime : une permission annuelle de trente ou de vingt et un jours; transport gratuit sur les paquebots.

187. Le droit n'est pas acquis aux militaires venus des pays d'outre-mer de passer leur permission de détente dans le pays où ils habitaient à la mobilisation.

Dans les circonstances actuelles, les difficultés de transport, les longues absences des permissionnaires par suite de la durée du voyage, les frais considérables qu'elles occasionnent, obligent à donner à ces autorisations un caractère tout à fait exceptionnel.

188. En conséquence, ne devront être soumises à la décision du ministre que les demandes réalisant les conditions suivantes :

a) L'intéressé devra solliciter du consul de France, l'envoi d'un certificat de loyalisme au ministère des affaires étrangères qui le fera parvenir au cabinet du ministre (2ᵉ bureau). Il sera informé de l'arrivée de cette pièce par son chef de corps, et invité à formuler sa demande.

Les militaires qui auraient reçu directement le certificat de loyalisme pourront faire leur demande en y joignant cette pièce;

b) La demande devra être motivée, et indiquer la situation de famille de l'intéressé avec le degré de parenté, père, mère, femme, enfants, et l'importance des intérêts en pays étrangers;

c) Les chefs de corps ou d'unités devront, en indiquant la date de la dernière permission de détente, donner tous renseignements utiles sur la manière de servir de l'intéressé : sur sa moralité, ses sentiments patriotiques, de façon à éclairer l'autorité supérieure chargée d'apprécier;

d) L'intéressé devra ne pas avoir bénéficié de permission pour la France depuis six mois au moins. Après son retour de l'étranger il ne pourra pas obtenir de permission de détente avant un an.

189. Il ne sera pas accordé de permissions par devancement de tour ou de permissions exceptionnelles pour événements de famille à destination des pays étrangers (Grande-Bretagne et Italie exceptées).

190. Les généraux commandant les divisions ou les échelons correspondants en ce qui concerne le front français et le front d'Orient seulement pourront, sur le rapport des chefs de corps ou de service, refuser de transmettre les demandes de permission pour l'étranger des militaires qui ne présenteraient pas les garanties désirables : ils rendront compte de leur décision au cabinet du ministre (2ᵉ bureau). Les généraux commandant les régions soumettront toutes les demandes au ministre.

191. Les militaires qui auront été l'objet d'un refus seront informés qu'ils peuvent demander une permission de détente ordinaire à passer dans la métropole, soit chez des parents en fournissant un certificat d'hébergement visé par le commissaire de police ou par la gendarmerie, soit dans un des centres créés à cet effet, avec possibilité de cumuler deux ou trois allocations ordinaires de détente suivant la date de la dernière permission.

192. Les permissions pour tous les pays étrangers, sauf la Grande-Bretagne, le Portugal et l'Italie, sont exclusivement accordées par le cabinet du ministre (2ᵉ bureau), qui se réserve l'examen des demandes transmises par la voie hiérarchique et la suite à y donner.

193. Le consul du port de débarquement indiquera sur ce titre la date où commencera la permission, et celle où le militaire devra se présenter à la gare de départ après avoir joui de la totalité de sa permission.

194. Les militaires de la légion étrangère (exception faite pour les cadres français, pour ceux dont la nationalité française est établie, et pour ceux qui ont leur domicile légal et leur famille en France) ne peuvent obtenir de permission que pour le pays où ils se trouvent.

195. L'octroi des permissions pour l'étranger (tous pays) fera l'objet d'un compte rendu à l'E. M. A. (2e bureau).

196. Les formalités particulières que doivent remplir les permissionnaires pour les pays étrangers font l'objet d'une réglementation édictée par l'E. M. A. (2e bureau) (Voir annexe).

197. Les militaires en permission à l'étranger, quel que soit le pays, doivent se présenter à l'attaché militaire ou à l'agent consulaire s'ils sont en permission dans la ville où résident les autorités ou à proximité; ou bien les aviser de leur résidence en cas contraire; *c'est à l'une de ces autorités qu'ils doivent aussi s'adresser pour toute demande tendant à retarder leur retour à l'unité* (maladie, décès de parents, etc.).

D — Autorisations de séjour a l'étranger

198. Les sursis pour l'étranger et les autorisations de séjourner à l'étranger pendant plus d'un mois au cours d'un sursis sont accordés par le ministre (E. M. A. — Sursis).

199. Les autorisations de séjourner à l'étranger pendant une durée égale ou inférieure à un mois au cours d'un sursis sont accordées par les généraux commandant les régions. Les autorisations de séjourner à l'étranger formulées par les mobilisables autres que les sursitaires sont accordées par le ministre (E. M. A. — 2e bureau).

200. Les autorisations de séjourner en Grande-Bretagne, Italie, Portugal, sont accordées par les généraux commandant les régions.

201. Toutes autres autorisations de séjourner à l'étranger, notamment au cours d'une permission ou d'une mission et les congés avec ou sans solde à l'étranger sont accordés par le ministre (Cabinet — 2e bureau).

CHAPITRE X

Congés.

(§§ 202 à 239.)

202. *Principes.* — Les *permissions* constituent une allocation réglementaire dont la durée est fixée par la présente instruction.

Les *congés* sont des autorisations d'absence de durée variable, sans délai de route s'ils sont supérieurs à quinze jours accordés dans des circonstances diverses et ne constituant pas un droit.

Les titres de congé indiquent la date où le titulaire doit se présenter au corps.

A — Congés de convalescence

203. Les congés de convalescence ont une durée de huit jours au moins et de trois mois au plus. Ils sont accordés par la commission de convalescence la plus voisine.

Les congés de convalescence sont accordés aux militaires des armées par une commission composée du général commandant la subdivision ou son délégué, d'un officier, du médecin chef de la place, et aux autres militaires par une commission composée du général commandant la subdivision ou son délégué, d'un officier, de deux médecins experts qui sont, en principe, le médecin chef du centre spécial de réforme et le médecin chef de santé de la place ou leurs représentants spécialement qualifiés.

Ces congés ne sont accordés qu'exceptionnellement aux militaires sortant des ambulances divisionnaires et de corps d'armée. Les demandes sont adressées, s'il y a lieu, par les médecins chefs des ambulances au général commandant le corps d'armée, qui statue.

Les malades sont présentés par le médecin chef de l'hôpital ou du dépôt de physiothérapie ou encore par le médecin-major de l'unité.

204. Les militaires non hospitalisés dont l'état de santé demande de légers soins de quelque durée ou seulement un repos de plus d'une semaine peuvent être proposés par le médecin chef de corps ou de service pour un congé de convalescence.

205. Le médecin chef de l'hôpital de Bourbonne-les-Bains peut délivrer directement des congés de convalescence aux militaires traités dans cet établissement.

206. Les prolongations de congé de convalescence sont accordées par les commissions de convalescence du centre le plus proche de la résidence du militaire.

207. Un congé de convalescence égal ou inférieur à quinze jours se cumulera avec la permission de détente à laquelle le militaire a droit.

B — Mise en route

208. Les militaires envoyés en congé de convalescence doivent recevoir *la veille du jour où commence le congé* leur titre et les ordres de transport nécessaires : 1° pour le trajet d'aller, jusqu'au lieu où ils passent leur convalescence; 2° pour le trajet de retour, depuis le lieu où ils ont passé leur convalescence jusqu'au dépôt de leur corps, qu'ils devront avoir rejoint dès le réveil, *le lendemain du jour où expire le congé.*

209. Le général commandant en chef les armées du Nord et du Nord-Est et les généraux commandant les subdivisions peuvent accorder, pour les eaux, des congés d'une durée de deux mois au plus aux militaires qui ont besoin d'un traitement spécial.

C — Congés de convalescence pour les indigènes citoyens ou sujets français

210. Les indigènes ont droit aux congés ou prolongations de congé de convalescence au même titre que les autres militaires. Il n'est fait de différence que pour les localités où ils peuvent passer leur congé (Voir art. « Indigènes »).

D — Congés de convalescence et permissions de détente (cumul).

211. Le militaire qui a bénéficié d'une permission de convalescence, ou d'un congé de convalescence égal ou inférieur à quinze jours, sans avoir pu en obtenir cumul avec une permission de détente, reçoit au corps, s'il y a lieu, son allocation réglementaire un mois au plus tôt après avoir rejoint. Au retour de sa nouvelle permission, il sera inscrit à la suite de ses camarades plus anciens.

212. Le militaire qui a bénéficié d'une permission de convalescence ou d'un congé de convalescence égal ou inférieur à quinze jours cumulé avec une permission de détente est inscrit au retour à la suite de ses camarades plus anciens

213. Un militaire ne sera envoyé en Grande-Bretagne ou en Italie que s'il peut s'absenter quinze jours (à titre de convalescence ou de détente, indifféremment).

214. Un militaire ne sera envoyé en Corse, dans l'Afrique du Nord (c'est-à-dire Algérie, Tunisie, Maroc [zone française]), en Égypte ou au Portugal que s'il peut s'absenter quinze jours (à titre de convalescence ou de détente, indifféremment).

215. Un militaire ne sera envoyé dans les autres pays que s'il peut s'absenter un mois (à titre de convalescence ou de détente, indifféremment).

216. Les autorisations de séjourner en Grande-Bretagne, Italie, Portugal, sont accordées par les généraux commandant les régions ou par les généraux commandants de corps d'armée.

217. Les autorisations de séjourner dans un pays autre que la Grande-Bretagne, l'Italie ou le Portugal sont accordées par le ministre (Cabinet — 2e bureau).

218. Une convalescence de durée égale ou inférieure à dix jours se cumule avec une allocation de détente de sept ou de dix jours.

219. Une convalescence de durée supérieure à quinze jours supprime toute allocation réglementaire de sept ou de dix jours.

220. Une convalescence de durée égale ou inférieure à quinze jours se cumule avec une allocation réglementaire de onze ou de quinze jours.

221. Une convalescence de durée supérieure à quinze jours supprime toute allocation de onze ou de quinze jours.

222. Une convalescence de durée égale ou inférieure à trente jours se cumule avec une allocation réglementaire de vingt et un ou de trente jours.

223. Une convalescence de durée supérieure à trente jours supprime toute allocation réglementaire de vingt et un ou de trente jours.

224. Le militaire qui rentre d'une convalescence d'une durée quelconque est inscrit sur le tour de permissions à la date de son retour.

225. La permission de convalescence ne peut se cumuler qu'avec une seule permission de détente.

226. Les congés de convalescence supérieurs à quinze jours ne comportent pas de délais de route.

E. — CONGÉS AVEC OU SANS SOLDE POUR RAISONS
DE DÉFENSE NATIONALE

227. Les militaires peuvent obtenir du ministre de la Guerre (direction d'arme) des congés avec ou sans solde pour raisons de défense nationale. Ils rejoignent à la date indiquée sur le titre.

228. Les congés à destination de l'étranger sont accordés par le ministre (Cabinet — 2e bureau).

F — CONGÉS ILLIMITÉS

229. Les militaires en instance de réforme dont le dossier n'a pu être encore constitué obtiennent du général commandant la subdivision un congé illimité, valable jusqu'au jour où leur situation est définitivement réglée.

230. Les indigènes en instance de réforme sont dirigés, non sur leurs foyers, mais sur la portion centrale de leur corps.

G — Dispositions particulières aux officiers et assimilés de l'armée active et de complément et aux officiers du service de santé

231. Les règles précitées relatives aux hommes de troupe sont également applicables aux officiers et assimilés.

232. Toutefois, les officiers généraux et assimilés ainsi que les colonels ayant exercé un commandement de brigade par intérim obtiennent directement du ministre de la Guerre les congés de convalescence et de repos.

233. Les demandes de cette nature seront transmises au ministre (Cabinet — 2e bureau); celles qui tendent à l'obtention d'un congé de convalescence seront appuyées des certificats de visite et contre-visite, conformément au décret du 1er mars 1890.

234. Il est rappelé que les congés avec solde de présence ou d'absence ne peuvent être accordés que pour trois mois, au maximum; sur la proposition de la commission de convalescence, ils sont renouvelables.

235. Les généraux commandant les régions rendront compte, sous le timbre des directions intéressées, des prolongations de congé qu'ils auront accordées, qui porteraient la durée de l'absence à plus de six mois.

A ce compte rendu, seront jointes les pièces justificatives qui seront déposées au dossier de l'officier.

236. Les officiers de complément évacués des armées, inaptes à tout service — actif ou sédentaire — par suite d'infirmités provenant de blessures ou d'un fait de service, contractées à l'occasion du service, mais ne présentant pas les caractères de gravité et d'incurabilité susceptibles d'ouvrir des droits à la pension de retraite, seront, à l'avenir et jusqu'au vote de la nouvelle loi, maintenus en activité et placés en position de congé, avec solde de présence ou d'absence, dans les conditions fixées par le décret du 1er janvier 1915.

237. Ces congés de durée illimitée qui auraient pu être concédés devront être annulés et revisés conformément aux présentes prescriptions.

238. Toutefois, les officiers de complément pourront, sur leur demande, s'ils sont jugés inaptes à tout service, être placés hors cadres, ou bien rayés des cadres, s'ils sont dégagés de toute obligation militaire, sur avis conforme de leurs chefs hiérarchiques.

239. Les officiers de complément du Service de Santé devront être maintenus en activité et placés en position de congé jusqu'à la promulgation de la future loi sur les pensions, actuellement pendante devant le Parlement, non seulement lorsqu'ils auront été *évacués des armées* mais aussi « lorsqu'ils auront contracté, même à l'intérieur, une maladie contagieuse en service commandé, soit auprès des malades, soit en procédant à des examens de laboratoire ».

CHAPITRE XI

Maladies.

(§ 240.)

240. Les militaires des armées ou de l'intérieur qui deviennent malades pendant une permission ou un congé :

a) Seront hospitalisés sur le centre le plus proche de l'endroit où ils se trouvent et ne bénéficieront à leur sortie d'aucune permission nouvelle, mais ils achèveront la permission ou le congé qu'ils n'auraient pas encore épuisé ;

b) Obtiendront une prolongation strictement limitée au nécessaire, s'ils sont difficilement transportables et peuvent facilement se soigner chez eux.

c) A cet effet, ils adresseront une demande avec certificat médical à la gendarmerie locale qui transmettra le dossier après enquête. Le général commandant la subdivision déléguera deux médecins-majors pour visiter le malade et statuera.

CHAPITRE XII

Sanctions disciplinaires.

(§§ 241 à 246.)

241. Les militaires qui auront encouru les « punitions exceptionnelles » visées par l'article spécial du service intérieur verront leur permission suivante retardée d'un nombre de jours égal à la durée de leur punition.

La suspension de permission sera levée pour tout militaire qui aura été cité ou décoré de la Légion d'honneur ou de la Médaille militaire avec Croix de guerre.

242. Les militaires qui, au moment où arrive leur tour de départ, se trouvent en prison, ne bénéficieront de leur allocation qu'après avoir terminé leur punition ; exception est faite si l'intéressé se trouve dans le cas de bénéficier d'une permission exceptionnelle ou d'une permission hors tour à l'occasion du décès ou de la maladie grave de son père, de sa mère, de sa femme ou de ses enfants.

243. Les militaires absents illégalement pour la première fois verront leur tour de départ reculé d'autant de quinzaines qu'ils auront de journées d'absence illégale et leur permission suivante diminuée d'un nombre égal à celui de l'absence irrégulière, sans préjudice des sanctions disciplinaires à intervenir. En cas de récidive dans l'année, ils verront leur permission suivante supprimée et seront inscrits sur le tour de départ comme s'ils avaient normalement bénéficié de la permission supprimée.

244. Les militaires qui, par suite de déclarations erronées, auraient bénéficié d'une permission exceptionnelle, d'une permission hors tour ou d'une prolongation de permission, seront privés de l'allocation réglementaire suivante sans préjudice des sanctions disciplinaires à intervenir.

245. Les militaires dont la peine a été suspendue seront inscrits normalement sur les listes de départ, mais ils pourront toujours voir, si leur conduite ne donne pas entière satisfaction, leur permission retardée par leurs chefs de corps ou de service qui en rendront compte au général commandant de corps d'armée.

246. Les militaires qui se sont rendus coupables de fautes graves peuvent se voir supprimer leur permission par le ministre de la Guerre, sur la proposition des chefs hiérarchiques.

CHAPITRE XIII

Localités.

(§§ 247 à 264.)

Localités où peuvent se rendre les permissionnaires.
Séjour à Paris et dans la Seine.
Centres d'hébergement.
Localités où doivent rejoindre les permissionnaires.

247. Les militaires peuvent, sous les réserves suivantes, passer leur permission ou congé dans la localité où ils ont leur résidence, ou bien où ils ont un parent proche, c'est-à-dire et exclusivement père, mère, femme, enfants, frère, sœur, grands-parents, oncle ou tante.

248. A titre exceptionnel, ils peuvent être autorisés à se rendre dans une localité dans laquelle leur présence est justifiée.

249. Les militaires qui se rendent en convalescence chez eux n'ont besoin d'aucun certificat si, par le livret individuel ou toute autre pièce, ils justifient que leur résidence est bien dans la localité où ils se trouvent. Les militaires convalescents qui n'ont pas de famille sont dirigés sur l'œuvre d'assistance aux convalescents militaires.

250. Les militaires ne peuvent se rendre dans les cantons limitrophes de l'Espagne (16e et 18e région) (1) qu'avec l'autorisation du commandant d'arrondissement de gendarmerie par délégation des généraux commandants de région. Cette autorisation a un caractère permanent.

251. Les militaires peuvent se rendre dans la zone des armées sans l'autorisation du général commandant en chef jusqu'à la limite fixée ci-après :

252. Cette limite est déterminée par la frontière française jusqu'à la limite est du canton de Bailleul, la limite est de ce canton, des communes de Neuf-Berquin et Merville, du canton de Lillers, des communes de Chocques, La Beuvrière, Lapugnoy, Marles, Bruay, Houdain, Ranchicourt, Gauchin-Legal, Gaucourt, Villerschâtel, Aubigny, Tilloy-lès-Hermaville, Izel-les-Hameaux, limite est des cantons d'Avesnes-le-Comte, de Pas-en-Artois, d'Albert, de Combles, de Bray, de Chaulnes, de Nesle, limite nord de la commune de Saint-Sulpice, limite est des départements de la Somme et de l'Oise, limites nord et est du canton de Vic-sur-Aisne, limite nord et est des communes de Vaurexis, Pasly, Soissons jusqu'à l'Aisne, limite est du canton de Soissons, limite nord du canton d'Oulchy-le-Château, des communes de Cerseuil, Lime, Paars, Vauxcère, Blanzy-lès-Fismes, limite nord du canton de Fismes, de la commune de Guyancourt, puis du canton de Fismes, des communes de Muizon, Thillois, Ormes, Bezannes, Champfleury, Montbré, Ludes, Mailly-Champagne, Verzenay, Verzy, puis une ligne qui, rejoignant la voie ferrée Reims—Verdun à hauteur de Sept-Vaulx, la suit jusqu'à Verdun, la Meuse entre Verdun et la limite de l'arrondissement de Commercy, cette limite nord, puis la ligne Courouvre, Pierrefitte, Baudremont, Lignières (ces localités incluses), la limite nord des cantons de Ligny et Commercy, la Meuse jusqu'à Commercy, la limite nord des cantons d'Euville, Aulnoy-sous-Vertuzey, Boucq, Sanzey, Royaumeix, Tremblecourt, Rogéville, Villers-en-Haye, la ligne de Ville-au-Val, Jeandelaincourt, Moivrons, Champenoux, Hoéville, Serres, Valhey, Bauzemont, Crion, Sionviller, Croismare, Marainviller (ces localités incluses), le cours de la Verdurette jusqu'à Vacqueville, Raon-l'Étape, la Meurthe jusqu'à la frontière, la frontière jusqu'à la Suisse.

253. Cette limite peut être dépassée, sans autorisation spéciale, par les militaires de l'armée d'Orient et par les militaires qui sont mis en congé de convalescence en attendant leur radiation définitive des contrôles.

254. Les militaires ne peuvent se rendre à Paris ou dans

---

(1) 16e région. Département des Pyrénées-Orientales : canton d'Argelès-sur-Mer, Céret, Arles-sur-Tech, Prats-de-Mollo, Olette, Montlouis, Saillagouse, Prades.

18e région. Département des Basses-Pyrénées : canton de Laruns, Accous, Aramits, Tardets, Saint-Jean-Pied-de-Port, Saint-Étienne-de-Baïgorry, Espelette, Ustarits, Saint-Jean-de-Luz.

la Seine que s'ils y ont leur résidence ou un parent proche, c'est-à-dire et exclusivement : père, mère, femme, enfants, grands-parents, frères, sœurs, oncle ou tante, ou encore s'ils y ont des affaires importantes à régler. Les affirmations de l'intéressé doivent être appuyées d'une pièce certifiée sincère par le commissaire de police.

255. Par exception, les militaires originaires des régions envahies, les Alsaciens-Lorrains et les créoles qui n'ont pas de famille à Paris, pourront être autorisés à s'y rendre s'ils présentent un certificat d'une des œuvres d'hébergement fonctionnant à Paris.

256. Ces trois catégories de militaires continueront d'ailleurs, s'ils en font la demande, à être hébergés dans les centres mentionnés au paragraphe 258, alinéas C et D.

257. Le séjour de Paris et de la Seine est interdit aux militaires des groupes spéciaux et aux exclus; les généraux commandants de division au front, et les généraux commandant les subdivisions à l'intérieur peuvent l'interdire aux militaires qui se sont signalés par des preuves évidentes de mauvais esprit.

258. Les militaires qui ne peuvent passer leur permission dans leur famille peuvent se rendre, suivant la catégorie à laquelle ils appartiennent, dans une des œuvres agréées à cet effet ou l'un des centres d'hébergement suivants :

a) Militaires des troupes coloniales, des régiments étrangers et bataillons d'infanterie légère d'Afrique : Aix-en-Provence.

b) Musulmans de l'Afrique du Nord et Sénégalais, originaires des quatre communes de plein exercice du Sénégal exclusivement : Nice.

c) Originaires des régions envahies, Alsaciens-Lorrains, dans une des œuvres ci-dessous :

« Les Parrains de Reuilly : caserne de Reuilly à Paris (le centre de la caserne de Reuilly reçoit de préférence les militaires des régions envahies). »

« Les Parrains de Reuilly : centres d'hébergement de Nice et Lyon. »

« Le Secours de Guerre : 9, place Saint-Sulpice, Paris. »

« La Cantine-Refuge du 6ᵉ arrondissement, 16, rue de l'Abbaye, à Paris. »

« L'Œuvre des permissionnaires des territoires envahis venant des ambulances ou du front : 193, boulevard Saint-Germain, Paris. »

« L'Œuvre municipale de permissionnaires du front appartenant aux régions envahies : à Nîmes. »

« L'Œuvre complémentaire des réfugiés belges et français et du logement alsacien-lorrain : 10, rue du Quatre-Septembre, Paris. »

« L'Œuvre des poilus permissionnaires sans famille : 53, rue Lafayette, Paris. »

d) Créoles : « Le Foyer colonial », bastion 84, boulevard

Kellermann, Paris (centres d'hébergement de Nice et de Lyon).

c) Militaires sans famille n'appartenant à aucune des catégories ci-dessus : Nice.

259. Chaque œuvre ou centre portera mention, sur le titre de permission, de la prise en subsistance du titulaire.

Au retour, le permissionnaire devra, sous peine de punition, présenter cette justification.

260. Les militaires des armées, à l'issue de leur permission ou congé, rejoindront la gare régulatrice, suivant les indications portées sur leurs titres.

261. Les militaires de l'intérieur, à l'issue de leur permission ou congé, rejoindront le dépôt de leur corps ou service.

262. Toutefois les officiers évacués des armées sur les formations sanitaires de l'intérieur pourront être dirigés immédiatement sur leur corps en campagne, soit au sortir de l'hôpital, soit à la fin de leur permission ou congé.

263. Les militaires évacués des armées sur les formations sanitaires de l'intérieur rejoindront obligatoirement leur dépôt de l'intérieur.

264. Les militaires des armées (permissionnaires ou en congé de convalescence) proposés pour la réforme ou pour le service auxiliaire rejoindront le centre de réforme le plus voisin de leur résidence.

CHAPITRE XIV

Allocations.

(§ 265.)

Les hommes de troupe (autres que les sous-officiers à solde mensuelle, rengagés ou assimilés) ont droit, en permission ou en congé, aux *allocations* indiquées dans le tableau ci-dessous :

PERMISSIONS DE DÉTENTE

Du front.

Gratuité de voyage.
Solde.
Indemnités de vivres (1ᶠ 31) pour les journées de déplacement seulement.

De l'A. O. ou du Maroc.

Gratuité de voyage.
Solde.

Indemnités de vivres (1ᶠ 31) pour les journées de déplacement seulement.

De l'intérieur.

Gratuité de voyage.
Pas de solde.
Pas d'indemnité.

PERMISSIONS DE VINGT-QUATRE ET QUARANTE-HUIT HEURES

Quart militaire.
Pas de solde (sauf pour les militaires ne faisant pas mutation).
Pas d'indemnité.

PERMISSIONS ET CONGÉS DE CONVALESCENCE

A la suite d'affection contractée en service.

Gratuité de voyage.
Indemnité journalière pour les journées de déplacement.
Solde et indemnité de vivres (1ʳ 31) pour les autres journées.

Pour affection non contractée en service.

Gratuité de voyage.
Pas de solde.
Indemnités pour les journées de déplacement.

PERMISSIONS AGRICOLES

Du front.

Gratuité de voyage.
Les militaires des armées qui obtiennent vingt jours dont sept à titre de détente et treize à titre agricole bénéficient de la solde pendant les sept jours de détente.
Indemnités de vivres (1ʳ 31) pour les journées de déplacement.

De l'intérieur.

Gratuité de voyage.
Pas de solde.
Pas d'indemnité.

ANNEXES

PASSEPORTS

A — PERMISSIONNAIRES POUR L'ÉTRANGER

Les permissionnaires pour l'étranger doivent se conformer aux règles suivantes :

1° *Permissions pour l'Angleterre et l'Italie.*

Les permissionnaires à destination de l'Angleterre et de l'Italie n'ont pas besoin de se munir de passeport. Leur titre de permission, revêtu de leur photographie timbrée par l'autorité qui a signé la permission, leur en tient lieu.

2° *Permissions pour tout autre pays.*

Les permissionnaires à destination de tous autres pays neutres ou alliés doivent être munis d'un passeport, portant leur photographie en civil et ne mentionnant pas leur grade militaire.

Ce passeport est délivré ou visé soit par le préfet du département de leur domicile légal, soit par le préfet du département où stationne le corps où ils sont affectés.

Dans ce dernier cas, il appartient, aux armées, aux généraux délégués, ou, à l'intérieur, aux généraux commandant les régions, de transmettre aux préfets les demandes de passeports (1).

3° *Règles générales.*

a) Les passeports doivent toujours être visés par un agent diplomatique ou un consul du pays où le permissionnaire doit se rendre.

b) En outre, si l'itinéraire de leur voyage les oblige à passer par l'Angleterre, les permissionnaires doivent obtenir du bureau anglais de contrôle des passeports (Permitts-Office), rue Chauveau-Lagarde, 18, à Paris, une attestation constatant qu'ils pourront sortir d'Angleterre pour continuer leur voyage.

c) Les permissionnaires à destination de l'Angleterre, de l'Italie ou du Portugal n'ont pas besoin d'un certificat de loyalisme, mais seulement d'un certificat de résidence qui leur est délivré directement par le consul dont ils relèvent.

---

(1) Deux photographies et une somme de 60 centimes doivent toujours accompagner les demandes de passeport. Si l'intéressé est déjà en possession d'un passeport non périmé, il suffit d'envoyer cette pièce au visa du préfet.

d) Les permissionnaires qui se rendent dans *un pays neutre* doivent remettre leurs papiers individuels (permission, livret individuel, etc.) aux commissaires spéciaux des frontières ou des ports d'embarquement. Ceux-ci leur délivrent un récépissé de dépôt en échange duquel ils obtiendront la remise de leurs pièces à leur rentrée en France.

B — PERMISSIONNAIRES POUR L'ALGÉRIE, LES COLONIES ET LES PAYS DE PROTECTORAT FRANÇAIS

Les militaires français domiciliés ou résidant avant la mobilisation dans les colonies françaises ou pays de protectorat, autorisés à passer dans leur pays d'origine leurs congés ou permissions sont dispensés de prendre un passeport ou de se munir de la pièce d'identité prévue dans les instructions sur le régime des passeports.

Toutefois, ces militaires devront s'embarquer dans un port français, être porteurs de leur livret individuel et de leur titre de permission. Ce dernier devra être revêtu de leur photographie timbrée par l'autorité militaire qui aura délivré la permission, sauf pour l'Afrique du Nord.

Lorsque ces militaires sont autorisés à revêtir la tenue civile, la mention suivante : « Le titulaire est autorisé à se mettre en tenue civile », sera inscrite d'une façon apparente sur le titre de permission et contresignée par l'autorité militaire qui aura délivré la permission.

Les permissionnaires doivent faire viser leur titre de permission au commissariat spécial du port d'embarquement à l'aller et au retour.

Les prescriptions ci-dessus ne s'appliquent pas aux militaires s'embarquant dans un port étranger, qui devront toujours se munir d'un passeport.

Paris, le 5 septembre 1917.

Paul PAINLEVÉ.

CIRCULAIRE DU 12 AOUT 1917
RELATIVE AUX TITRES DE PERMISSION

———

Paris, le 12 août 1917.

Le Ministre de la Guerre à MM. le général commandant en chef les armées du Nord et du Nord-Est, le général commandant en chef les armées alliées à Salonique, les généraux gouverneurs militaires de Paris et de Lyon, les généraux commandant les régions, le général commandant en chef les troupes françaises de l'Afrique du Nord, le commissaire résident général de France au Maroc, le général commandant les dépôts des troupes coloniales.

En application de la circulaire nº 20365-K du 4 août 1917, rétablissant les permissions à double destination pour les militaires des armées, j'ai décidé que les dispositions suivantes entreraient en vigueur à partir du 15 août pour la France, à partir du 5 septembre pour l'armée d'Orient et le Maroc.

I. — Permissionnaires des armées du Nord et du Nord-Est, d'Orient, du Maroc.

a) LE PERMISSIONNAIRE SE REND A DEUX DESTINATIONS. — Lorsque l'une des destinations sera Paris, ou une localité des départements de la Seine et de Seine-et-Oise, les permissionnaires recevront, comme actuellement, un titre de couleur *rose*, qui comportera les coupons nécessaires aux parcours à effectuer par l'intéressé.

Pour les destinations autres que celles ci-dessus indiquées, les permissionnaires recevront un titre de couleur *blanche*, analogue aux titres du modèle ancien, mais ne comportant que deux destinations. Ce titre sera employé même si les permissionnaires ont à traverser Paris pour se rendre d'une destination à l'autre.

Des exemplaires du nouveau titre seront incessamment envoyés aux armées.

b) LE PERMISSIONNAIRE SE REND A UNE SEULE DESTINATION, soit qu'il n'ait demandé sa permission que pour une destination, soit qu'il n'ait droit qu'à une destination (permissions autres que les permissions de détente). — Les mêmes règles seront appliquées; mais, dans ce cas, le corps enlève et détruit le coupon afférent à la deuxième destination.

II. — Permissionnaires des régions de la zone des armées stationnés au delà de la ligne de démarcation pour la circulation en chemin de fer.

Ces militaires n'ayant droit de se rendre qu'à une destination, on appliquera les règles indiquées ci-dessus pour les militaires des armées ne se rendant qu'à une destination.

III. — Permissionnaires de la zone de l'intérieur.

Les permissionnaires qui doivent passer leur permission à Paris ou dans les départements de la Seine et de Seine-et-Oise recevront, quelle que soit la durée de leur permission, un titre *rose* du modèle spécial en vigueur extrait d'un registre à souche. Ces titres continueront à vous être adressés par le Service Géographique de l'Armée.

Toutefois, pour les militaires du G. M. P. stationnés à Paris ou dans les départements de la Seine et de Seine-et-Oise, les titres du temps de paix continueront à être employés, lorsque la durée de la permission ne dépassera pas quarante-huit heures, et que les militaires n'auront pas à prendre le chemin de fer.

Pour les destinations autres que celles ci-dessus indiquées, les permissionnaires recevront, même s'ils doivent traverser la capitale, un titre *blanc*, comportant entre autres les indications suivantes :

a) D'une façon *très apparente*, la nature de la permission (de détente, exceptionnelle) ;

b) Pour les permissions de détente et exceptionnelles, qui donnent droit à la gratuité, la mention : « Billets remis » ou « Ordres de transport remis », suivant le cas (D. M. n° 2649-K, § 33, dernier alinéa) ;

c) Pour les permissions exceptionnelles, le motif indiqué.

La présente circulaire annule celle n° 24169-4/11, du 5 juillet 1917.

Les modifications à la D. M. n° 2649-K, du 28 janvier 1917, qui résultent de la présente circulaire et des circulaires sur les permissions postérieures au 2 mai, seront comprises dans une édition refondue du fascicule relatif aux permissions et congés de convalescence qui paraîtra prochainement.

Pour le Ministre, et par son ordre :

Le Général, Major général,

DUPORT.

INDEX ALPHABÉTIQUE

9 782013 419710